互联网+餐饮

一本书读懂餐饮新趋势

刘伟 / 编著

INTERNET + RSTAURANT

A BOOK TO UNDERSTAND

THE NEW TREND OF FOOD AND BEVERAGE

中国铁道出版社有限公司

CHINA RAILWAY PUBLISHING HOUSE CO., LTD.

内 容 简 介

　　本书是全面解读餐饮O2O的基本概况、市场生态、推广应用、移动支付、移动互联网应用、用户体验、运营推广等方面的内容，特别是对雕爷牛腩、黄太吉煎饼、麦当劳、肯德基、海底捞、必胜客等餐饮品牌，以及美团、大众点评、糯米网、百度外卖、饿了么、到家美食会等互联网餐饮平台做了深入分析，为餐饮O2O模式下的行业发展和企业转型提供了理论与实例指导。

　　本书语言精练、结构严谨、图文并茂，尤其是对餐饮品牌、运营推广、餐饮互联网平台、食材运送、上门服务、企业信息服务等的纵深阐述，十分全面，适合准备在餐饮O2O领域创业的商家、准备向餐饮O2O模式转型的商家和企业、学习和运用餐饮互联网及移动互联网思维的企业经营者，以及对餐饮O2O模式的应用和发展感兴趣的人士阅读。

图书在版编目（CIP）数据

互联网＋餐饮：一本书读懂餐饮新趋势 / 刘伟编著 . —北京：中国铁道出版社，2017.8（2022.1 重印）

ISBN 978-7-113-22993-1

Ⅰ . ①互… Ⅱ . ①刘… Ⅲ . ①互联网络－应用－饮食业－经营管理 Ⅳ . ① F719.3-39

中国版本图书馆 CIP 数据核字（2017）第 079390 号

书　　　名：互联网＋餐饮：一本书读懂餐饮新趋势
作　　　者：刘　伟

责任编辑：张亚慧　　编辑部电话：（010）51873035　　邮箱：lampard@vip.163.com
封面设计：MXK DESIGN STUDIO
责任印制：赵星辰

出版发行：中国铁道出版社有限公司（100054，北京市西城区右安门西街 8 号）
印　　刷：佳兴达印刷（天津）有限公司
版　　次：2017 年 8 月第 1 版　2022 年 1 月第 2 次印刷
开　　本：700 mm×1 000 mm 1/16　印张：19.25　字数：325 千
书　　号：ISBN 978-7-113-22993-1
定　　价：49.00 元

前言
PREFACE

🔲 写作驱动

围绕在人们生活周围的衣、食、住、行一直是备受关注的行业领域，餐饮行业作为其中非常重要的一个方面，随着 O2O 模式应用的发展和推广，餐饮行业已经成为一片新市场，从团购、外卖到私厨上门等各种服务模式也在不断发展和升级。在这种情势下，一些餐饮 O2O 服务解决商和信息服务企业也应运而生，加速了餐饮行业的转型和改造。而这些问题也成为人们迫切需要了解的内容。

本书以餐饮 O2O 为核心，以营销为根本出发点，以图文并茂的方式全面、深入诠释餐饮 O2O 的基本概况、市场生态、推广应用、移动支付、移动互联网应用、用户体验、运营推广等方面，特别是结合各种营销和推广技巧，如大数据技术、LBS、微信、微博、二维码、软文、APP 等，围绕相关内容全面剖析 30 多个餐饮品牌的 O2O 模式应用和推广。

紧扣餐饮 O2O 模式，采用集理论、案例和技巧于一体的结构框架，从横向营销线和纵向品牌线全面剖析餐饮 O2O 模式，让您轻松了解如何在 O2O 模式下进行餐饮营销和运营，开拓新的市场空间，焕发企业活力。

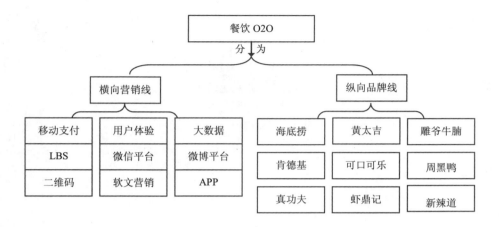

02 本书特色

本书主要特色：专业性强 + 适用性强。

一、图文并茂，内容全面，专业性强。本书的体系完整，以餐饮 O2O 为核心，以营销为根本出发点进行了 15 章专题内容的详解，包括餐饮 O2O 模式的基本概况、市场生态、推广应用、支付工具、移动互联网、用户体验、精准营销、社交营销、APP 营销、Wi-Fi 营销、软文营销、品牌案例、食材运送、上门服务和信息服务。

二、理论与实际结合，适用性强。本书全面解析了 30 多个餐饮品牌和 10 多个互联网餐饮平台 / 应用的 O2O 模式应用，通过对应用案例的深入分析，让读者轻松了解和掌握大数据应用。

03 适合人群

本书内容全面、结构清晰、语言简洁，适合以下读者学习使用。

1. 准备在餐饮 O2O 领域创业的商家。
2. 准备向餐饮 O2O 模式转型的商家和企业。
3. 学习和运用餐饮互联网及移动互联网思维的企业经营者。
4. 对餐饮 O2O 模式的应用和发展感兴趣的人士。

编　者

2017 年 5 月

目录
CONTENTS

目录 | C O N T E N T S

4
CHAPTER

移动支付，餐饮 O2O 的支付工具

目录 | C O N T E N T S

5 CHAPTER

核心价值，餐饮深入移动互联网

6

CHAPTER

用户体验，满足各类用户的需求

目录 | C O N T E N T S

7
CHAPTER

运营推广，餐饮 O2O 的精准营销

8
CHAPTER

运营推广，餐饮O2O的社交营销

目录 | C O N T E N T S

9
CHAPTER

10
CHAPTER

11
CHAPTER

软文营销，餐饮 O2O 的多途径应用

目录 | C O N T E N T S

12 CHAPTER

品牌案例，学习餐饮 O2O 成功之路

13
CHAPTER

食材运送，餐饮业供应链逐渐完善

目录 | C O N T E N T S

14
CHAPTER

上门服务，大厨私人定制制作美味

15
CHAPTER

信息服务，帮助餐饮业实现转型

CHAPTER

1

先行了解，餐饮 O2O 的基本概况

在"互联网+"的大环境下，餐饮行业的发展开始呈现出新的发展方向，O2O 模式的应用就是其中之一，且这一模式在餐饮行业获得了广泛应用和快速发展。

本章将从 3 个方面概述餐饮 O2O 的基本情况及发展历程，从而帮助读者了解和展望餐饮 O2O 模式。

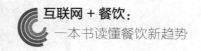

1.1 餐饮 O2O 模式概述

在互联网和移动互联网迅速发展的环境下，餐饮行业实现了营销的全面升级，以连接消费者为主要目的的 O2O 模式出现并得到了大范围、深层次的应用，创造了餐饮行业的发展与运营新气象，如图 1-1 所示。

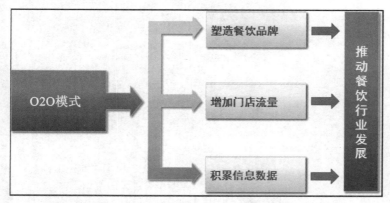

◆ 图 1-1　O2O 模式应用下的餐饮行业发展

在餐饮行业发展过程中，O2O 模式通过线上线下的充分结合进行行业整合与运营创新，形成了具有代表性的餐饮行业 O2O 模式体系。本节将从 5 个方面对其进行介绍，具体如下。

1.1.1　线上线下的餐饮 O2O 概念

O2O 即 Online To Offline，其中的 2 取 To 的谐音，简写为 O2O。O2O 是线下各种消费意向与互联网和移动互联网的结合。也就是说，只要企业或商家的整个产业链中有环节在线上和线下领域都有涉及，这时，即可称为 O2O，如图 1-2 所示。

基于上述内容，餐饮 O2O 是指在餐饮这一社会行业的基础上，利用互联网和移动互联网，将线下与线上的商务相结合，实现线上营销与购买和线下经营与消费的循环互动。

餐饮 O2O，侧重点在于餐饮业，O2O 模式只是其实现营销目标的手段，因此，在 O2O 模式应用中，不能一味地为 O2O 而进行 O2O 应用，而是应该建立在产业行业上的 O2O 应用。否则，就失去了它原有的意义和价值。

◆ 图 1-2　O2O 的诠释

　　为避免 O2O 模式应用的误区，在餐饮 O2O 这一概念中，有必要了解与 O2O 密切相关的 4 个概念范畴，具体内容如下。

　　第一，就 O2O 的核心而言，这一概念范畴是从以客户为中心发展而来的，即 O2O 的核心是客户体验，如图 1-3 所示。

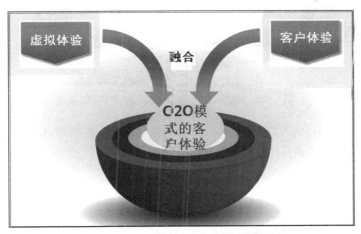

◆ 图 1-3　C2O 模式的客户体验

　　可见，O2O 模式是以客户为中心的，其目的是追求这一新模式下的极致客户体验，由此来获得餐饮行业的电子商务业绩增长。在这一过程中，极致的客户体验是根本，业绩增长只是附之其上的企业或商家的目标实现。

　　第二，就 O2O 的本质而言，它是一种链接。这种链接是基于消费者关系的链接，包含两个方面的内容，一是消费者的线上与线下链接；二是互联网和移动互联网上的消费者与品牌之间的链接，这两个方面缺一不可。在这种链接中，不仅实现了线上与线下之间的关系转化，而且也加强了消费者与品牌之间的信任度和忠诚度。

　　第三，就 O2O 的对内基础而言，企业在 O2O 模式应用过程中的主要对内活动是基础资源的信息化，这主要包括以下两个方面的内容。

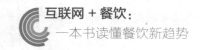

一是产品与服务的电子化。即在产品的整个生产过程和服务的提供过程中，实现其餐饮企业与消费者的互联网、互通和互动管理过程，且这一过程，各方面的协同尽可能地通过网络来解决。图 1-4 所示为餐饮服务的点菜环节的电子化发展。

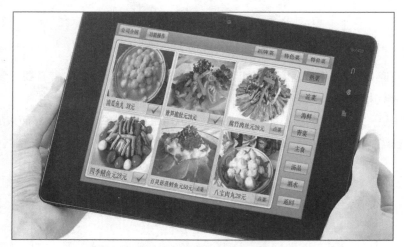

◆ 图 1-4　餐饮 O2O 模式的点菜环节的电子化

二是资源与环境的数字化。即将企业内部发展的各类资源和生产环节以可度量的数字来进行描述，并据此管理和控制。图 1-5 所示为企业数字化的客户管理系统。

◆ 图 1-5　企业数字化的客户管理系统

从企业对内的基础资源方面而言，它是在移动互联网的大背景下实现 O2O 应用的基础活动，也是进一步实现企业转型与创新的基础。

第四，就 O2O 的对外基础而言，大会员体系的构建是拓展 O2O 模式应用的主要外部因素和条件，由 8 个部分构成，具体如图 1-6 所示。

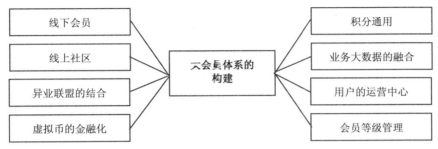

◆ 图 1-6　大会员体系的构建

1.1.2　循环交互的餐饮 O2O 闭环

通过上述内容的概念分析，餐饮 O2O 其实就是线上与线下之间的对接与循环的实现，它们之间的连接媒介是消费者的消费活动，如图 1-7 所示。

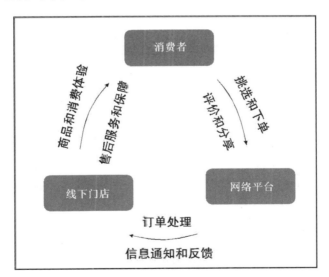

◆ 图 1-7　C2O 模式的对接与循环

从图 1-7 中明显可以看出，消费者、网络平台和线下门店构成了一个循环的营销闭环——从线上到线下，其后又回到线上的闭环实现。

在这一闭环的循环体系内容中，又可分为 3 个不同内容、不同路径的闭环，如图 1-8 所示。

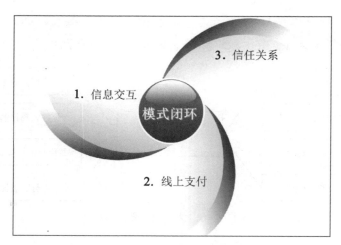

◆ 图 1-8　O2O 模式的闭环组成

❶ 信息交互

信息交互是指在 O2O 模式中，各环节之间的信息传播是一个从信息发布点出发又回到发布点的循环过程。

在这一过程中，发布、传播、接收和反馈这 4 个环节共同构成了信息内容方面的闭环。其中，重点强调的是信息的交互与传播。

就如一则餐饮商家发布的活动信息而言，其闭环的形成如图 1-9 所示。

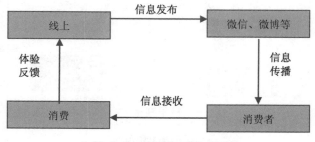

◆ 图 1-9　信息交互形成过程

❷ 线上支付

人们在购物时，支付是必要的环节，而在 O2O 模式中，这一环节和信息的传播一样，形成了一个完整的封闭环节。

线上支付闭环是指商品在营销过程中，从消费者的询价开始，历经报价、预售、交易和支付这 4 个过程，最终又回到消费者处的确认回执和电子凭证环节。在这一闭环实现过程中，其重点关注的是 O2O 中资金的流动。

关于餐饮行业的线上支付闭环，其形成过程如图 1-10 所示。

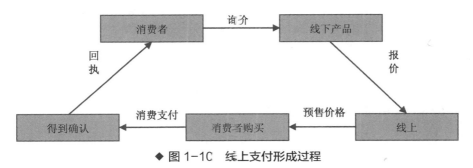

◆ 图 1-10　线上支付形成过程

❸ 信任关系

信任关系是基于消费者的地位而重点发展的 O2O 闭环，它强调的是围绕消费者这一行为主体的信任关系强度而进行的递进增长。

信任关系闭环，从其实质上来说，就是一个由了解到交互，并由弱关系发展到强关系，最终形成口碑推荐的闭环过程。

下面以消费者和品牌的信任关系闭环为例，其形成过程如图 1-11 所示。

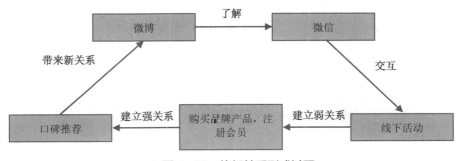

◆ 图 1-11　信任关系形成过程

在以上 3 个闭环中，消费者的信任是必须把握餐饮 O2O 闭环上的原则，只有取得消费者的信任，才能真正促进线上下单与线下消费的完成。

从这一方面来说，餐饮 O2O 是一种以充分建立信任关系为目的的新型商业模式，且这种信任关系不仅体现在消费者与餐饮企业之间，它还体现在消费者与消费者之间。在此种情形下，使得品牌在消费者眼中的地位明显下降，而信任推

荐成为人们产生消费的主要原因。因此，建立信任机制已经成为餐饮企业或商家的必然选择。

在这一机制体系内，信任的内容不仅仅是指人与人、人与群体之间的信任关系，它还表现在消费者的在线支付因素上，这是进一步实现发展餐饮 O2O 模式的基础，其作用如下。

（1）实现现金流的增长。

（2）增强老顾客的黏度。

1.1.3 应用基础的餐饮 O2O 元素

在餐饮 O2O 模式的切入过程中，需要考虑 3 个方面的营销基础元素，具体如下。

❶ 企业元素

对于餐饮企业（或商家）而言，O2O 模式的营销应用具有必要性——其产品无法快递，因此需要采取线上下单、线下体验的服务方式。而针对餐饮企业（或商家）个体而言，O2O 模式也有其选择性和适用性，具体内容如下。

（1）企业产品。餐饮 O2O 模式应用的要求就是产品的客单价高，这是从餐饮企业在 O2O 模式应用中所面临的竞争来说的，如图 1-12 所示。

◆ 图 1-12　餐饮 O2O 模式的企业竞争解读

只有保证足够高的客单价，才能支付起 O2O 模式应用过程中产生的流量费用和人工费用，这样，才能保证企业的利润和企业的后续发展。

（2）企业品牌。一个品牌能取得成功的关键是其拥有独特的竞争优势，也就是有特色，这一点在 O2O 模式中同样适用。

就餐饮行业而言，这主要是从其服务方面来说的。它包括以下3个方面的特点。

▶ 用户体验门槛低：加入了太多的门槛，会导致很多的意向客户流失，因此，应该在免费思维的作用下积极扩大 O2O 的流量入口。

▶ 员工能够快速复制：餐饮企业应该定制一套规范的服务机制，使得员工能够快速上手，从而减少人工成本。

▶ 竞争对手模仿困难：餐饮企业只有在具备这一特点的情况下，其品牌服务才能不失去它独有的特色。

（3）企业平台。O2O 模式的企业运营平台必须是独立的，不能与企业现有的其他模式的运营平台相混合。这是与 O2O 模式的性质和特点明显区别于其他模式分不开的，具体表现在3个方面，如图1-13所示。

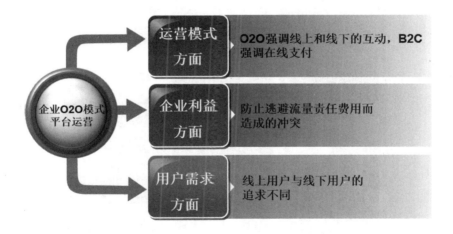

◆ 图 1-13 企业 O2O 模式的独立运营平台需求解读

综上所述，就企业这一 O2O 模式的基础元素而言，餐饮行业的连锁类餐饮公司和本地生活服务类餐饮企业更适用 O2O 模式的应用。

❷ 产品元素

对于市场产品而言，同企业一样，O2O 模式并不是万能的，它还有一个适合与否的问题，否则，不仅难以取得预期的效果，甚至还有可能影响到现有的发展进度。那么，究竟怎样的产品才适合利用 O2O 模式进行营销呢？

（1）适合性。O2O 模式应用需要的是资源整合后的产品，如图1-14所示。

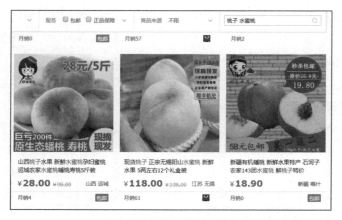

（1）同类产品的不同店家整合

（2）统一店家类的商品陈列

◆ **图 1-14　餐饮 O2O 模式下的产品资源整合**

在这种模式下，一是能够非常直观地比较出相同类别产品的价格优势，明显可以减少线下消费的时间，提供消费效率；二是可以在店铺的有序陈列中，更容易找到消费者需要的和喜欢的产品。

（2）结合性。O2O 模式，其本意就是线上线下，因此，其产品也要求具有线上和线下的结合性。也就是说，在经济活动中，O2O 模式中的产品不仅需要在线下实体店进行消费，还需要利用线上这一平台作为其宣传的阵地进行经济活动。

就餐饮行业而言，可以在 O2O 应用范围内围绕产品完成线上与线下的结合，主要表现有实体店的优惠券，以二维码或短信方式发行的折扣券、优惠券等，如图 1-15 所示。

（1）二维码折扣券

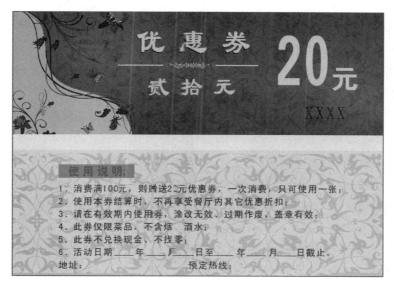

（2）餐饮行业实体店优惠券

◆ 图 1-15　餐饮 O2O 模式产品线上与线下的结合性体现

❸ 内容元素

O2O 是一种以图片、文字等介质来传达相关企业或商家的产品内容给消费者

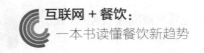
的模式，因此，在其运营过程中，文字、图片等内容同样是一个非常重要的元素。关于这一模式的内容方面，从营销角度而言，应具有以下几个特征。

（1）热点性。即企业的产品和服务内容宣传应该合理利用热门事件，通过如百度搜索风云榜、搜狗热搜榜等网络平台工具获取信息，然后进行数据分析，根据企业自身网站权重，在了解外界竞争力大小的情形下进行营销内容匹配。因此，通过热门事件的有效利用，可以快速提升企业自身网站的流量。

（2）实战性。即应注重企业营销内容对积累的实战经验的展示，这样既能更加具体地展现实践过程中遇到的问题，还能使内容更具有真实性。只有具有丰富的实战经验的内容才能具有高的价值量，也才能更容易获得用户的关注。

（3）即时性。即企业的产品或服务内容应该对当下出现的具有鲜明特性的事物进行即时的展示。

这是餐饮 O2O 模式的内容元素的一个非常重要的方面。具有即时性的营销内容在相同的竞争环境下更容易获得用户的关注和共鸣。

（4）时效性。这一内容特点与即时性都是从时间角度对营销内容的思考。餐饮 O2O 模式内容的时效性是指事物的影响在时间上是有一定的时效性的，只有在特定的时间段内才能具有一定程度上的人气影响度。

因此，企业在进行产品或服务的内容宣传时需要利用事物的有效时间段，在符合企业宗旨的情况下创造丰富的主题内容。

（5）促销性。即企业应该在营销内容中充分体现其优惠信息，从人们喜欢贪便宜的心理角度出发使营销内容的促销价值得到最大程度的展示，最终促进企业产品或服务的营销目标的实现。

（6）持续性。这一特征是就内容的持续性和持久性价值方面而言的。在保证内容的持续性的情形下，可以获得更好的排名效果，从而带来更多企业产品或服务的关注流量。

（7）方案性。即餐饮 O2O 模式内容元素的具体方案制定需要从全局出发，全面思考目标受众的精准定位、营销内容的主题确定、营销的预期效果等问题，并在方案中具体体现出来。

1.1.4 布局发展的餐饮 O2O 特点

在餐饮 O2O 模式应用过程中，逐渐呈现出了该模式鲜明的布局和发展特点，具体如下。

❶ 全接触点

在餐饮 O2O 模式应用过程中，其核心目标就是促进线上和线下的全接触点的融合。而这一目标从消费者这一中心来看，就是搭建一个人与消费之间的全方位触点。

因此，应用 O2O 模式，就是在社会这一广大范围内，全面、系统地布置客户可能接触的点位，构建一个遍布触点的消费网络，从而可以让消费者很容易地找到商家推送的且是消费者所需要的信息。

在这样一个遍布触点的消费网络中，消费者可以实现线上消费和线下体验的触点的结合，餐饮企业或商家可以根据消费网络中的触点预测消费者的需求，从而为其可持续发展提供依据。

从全接触点这一特点层面来说，O2O 模式应从线下体验出发，针对从未到店消费的客户、正到店消费的客户和已到店消费过的客户这 3 种情形进行全面的接触点网络构建。

具体来说，在互联网和移动互联网环境下，构建和部署客户接触点应基于一定的原则，具体包括以下内容。

（1）完成餐饮的即时性接触点部署的时间匹配原则。

（2）实现店内到店外的接触点延展的多维空间原则。

（3）制造有趣内容和亮眼效果接触点的新奇特原则。

（4）提升便利互动沟通接触点体验的重视交互原则。

（5）保持同步和传达的接触点变化的动态更新原则。

基于上述原则，餐饮企业或商家应该积极地融合线上和线下各种途径构建全接触点消费网络，具体包括 9 个方面的内容，如图 1-16 所示。

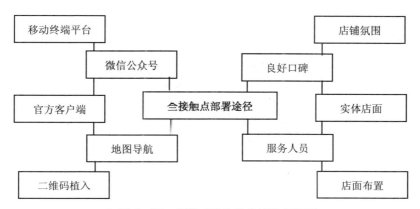

◆ 图 1-16　餐饮 O2O 的全接触点部署

图 1-16 中的 10 种接触点中，餐饮企业或商家可以根据客户情形进行具体的选择。下面以从未到店消费的客户为例进行具体的接触点建设介绍。

这类客户一般会在就餐前通过互联网上的众多餐饮平台、美食搜索引擎或经过朋友介绍等途径来获知餐饮企业或商家的各方面信息，最终根据综合信息选择好的餐厅就餐。

因此，要针对这类客户，餐饮企业或商家应该从以下 4 个方面来进行接触点建设和完善。

（1）移动终端平台。在大众点评、本地生活服务网、美团网等网络平台上发布详细的实体店、菜品和折扣、优惠信息。另外，把握好关键词，在搜索引擎中利用正确、有效的方式植入，从而使得其更容易被客户搜索到。

（2）地图导航。餐饮企业或商家应该在人们经常接触的百度、高德、谷歌等地图服务平台上植入信息，从而有利于客户更容易找到餐厅。

（3）微信公众号。在移动终端平台上，餐饮企业或商家还可以通过人们广泛应用的社交软件——微信上的公众号平台，进行餐饮信息接入。在具体操作时，应定期发布相关餐饮新菜品、优惠等方面的信息，通过这些信息来扩大餐饮企业或商家的影响范围和程度。

（4）良好口碑。餐饮企业在营造良好的客户口碑问题上，应从 3 个方面着手，即"美食美味""服务""环境"，如图 1-17 所示。

在具备了 3 个基本条件的基础上，企业或商家应该进行餐厅特色和优势宣传，从而塑造用户的良好口碑。

（1）美食美味

◆ 图 1-17　餐饮良好口碑的打造

（2）服务　　　　　　　　　　　　　　（3）环境

◆ 图 1-17　餐饮良好口碑的打造（续）

2 全渠道

在餐饮O2O模式的应用中，实现元边界的全渠道营销是当前餐饮企业或商家发展的主要方向。无论是实体店，还是传统电商，抑或是移动电商，这些都应该囊括其中。只有这样，才能在最大范围内实现营销目标。而这也是顺应移动互联网时代的消费潮流而推动营销模式，也可以与其他的平台进行合作而构建出全渠道，如图1-18所示。

开拓餐饮O2O全渠道，不仅仅是指单纯的线下门店渠道的各种引流营销，它还包括线上运营的各类平台，在这些平台上，可以提供订餐、点餐、团购、外卖等营销业务。

另外，一些发展势头很好的餐饮企业开始选择自建运营平台，以此为其PC端和移动终端的业务提供更便捷的系统支撑，如娱乐、社交等差异化服务就是自建平台上的业务拓展的表现。

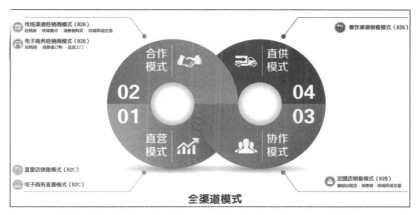

◆ 图 1-18　餐饮O2O全渠道开拓的模式

❸ 全体验

扩展用户体验的 O2O 模式，其实是一种网络＋实体、规模化系统经营的模式，它能为客户提供真正意义上的消费全体验，逐渐开辟了一个崭新的用户体验领域，必胜客的夜店新菜单模式就是其中一类，如图 1-19 所示。

◆ 图 1-19　必胜客的夜店新菜单美食

更重要的是，餐饮 O2O 模式的客户体验扩展到了移动社交领域。餐饮企业或商家通过移动社交平台，充分利用其优势，为消费者提供餐饮服务。比如，微信支付、微信公众号关注等，又如煎饼阿姨借力移动 QQ 的 O2O 营销等。

❹ 全零售

O2O 模式线上线下联动的零售方式充分体现了其全零售的发展特点，通过 O2O 模式，为全零售的实现提供了可能。关于餐饮 O2O 模式的全零售的实现，具体内容如下。

（1）线上选购、支付和预订，然后线下选择最便捷的方式提取商品。

（2）在线上能通过网络查询店铺库存，为用户的线上线下消费提供库存指示。

（3）线上线下具有一致的促销，消费者可以在这两种方式中选择合适的方式进行消费。

（4）能够实现消费者在线下的实体店中对线上购买的各种商品进行方便的

退、换货行为。

消费者在碎片化、社交化、移动化服务的大环境下，基于便捷的消费方式和明显的价格优势，市场越来越趋向于零售型的营销方式。

特别是随着移动社交领域的零售发展，消费者与品牌之间的连接和互动逐渐建立起来，反过来又促进了客户体验和增值服务的移动化和社交化。

1.1.5 模式运营的餐饮 O2O 属性

在 O2O 模式理念中，线上预订与线下消费是人们所熟知的，其实，它还有一个连接线上与线下的中间层。在这一层面上，有着其模式运营中特有的属性，具体内容如下。

❶ 最广泛应用的宣传属性

在餐饮 O2O 模式的中间层属性中，宣传可以说是其最广泛的一种属性应用。如人们所熟知的餐饮团购网站、LBS 应用、微信公众号等，这些 O2O 模式应用领域都具有宣传属性。

作为 O2O 模式的一种基本属性，宣传的主要对象是线下的实体店，目的是形成良好的口碑，以提升实体店的影响。从而在增强老顾客的忠诚度的同时，发展新的客户关系，最终促进实体店的餐饮营销，如图 1-20 所示。

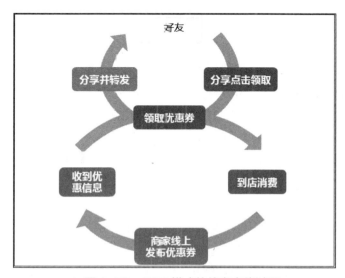

◆ 图 1-20 O2O 模式的信息宣传过程

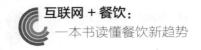

❷ 沟通与交流的社交属性

餐饮 O2O 模式与社交有着不可分割的联系，在生活中经常可见微信、微博、QQ 等社交平台的餐饮服务内容，如人们就餐时所选择的在线订座、在线咨询和在线点评等服务项目都可通过社交平台来实现，如图 1-21 所示。

◆ 图 1-21　微信在线订座（左）和在线点评（右）

由此可见，在餐饮 O2O 模式的属性一栏中，必然包含着社交这一项内容，特别是餐饮 O2O 模式的运营，其中众多环节和服务是社交属性的重要表现。

更重要的是，这一属性的重点就在于线上与线下融合过程中的沟通与交流。在 O2O 模式应用过程中，通过社交平台将一部分线下服务引流到线上，在互联网和移动互联网的作用下，拉近餐饮企业或商家与消费者之间的距离，为增进双方了解提供交流的便利条件，从而有利于餐饮企业或商家更好地了解消费者的需求。这些都是基于社交平台的交流和沟通而实现的，最终达到扩大餐饮品牌知名度、提升服务质量和用户体验的目的。

❸ 最终目标实现的交易属性

餐饮 O2O 模式除宣传与社交属性之外，还有一个基本的属性——交易，这也是宣传和社交属性的最终目的的具体体现。

这一模式交易属性的应用方式有很多，比如团购券、代金券等，如图 1-22 所示。

◆ 图 1-22　代金券

　　餐饮 O2O 模式下的这种交易主要是指架构在互联网和软件应用之上的交易。在这种交易作用下，其交易的时间呈现了多元化的特征，具体是在服务前还是服务后交易，消费者可以自由选择。

1.2　现状解读，餐饮 O2O 市场发展

　　基于 O2O 模式的餐饮市场，是经过整合、转型和调整后的市场，它在经过一段时间的适应后，获得了发展。而关于餐饮 O2O 的市场现状，是有必要了解的问题，它可以为读者提供全局思维的基础和前提。本节将从以下 3 个方面来为读者解读餐饮 O2O 的发展现状。

　　（1）企业的参与度。

　　（2）企业品牌布局。

　　（3）O2O 模式尝试。

1.2.1　高度参与，规模集聚

　　在行业的 O2O 模式的包围下，餐饮行业可以说是最先脱颖而出的。且行业个体积极参与，形成了极高的参与度，并集聚了比其他行业更大的市场规模，如图 1-23 所示。

◆ 图 1-23　餐饮 O2O 市场发展现状

在这一现状形成过程中，团购网站在其中起到了非常重要的作用。如在美团、大众点评、糯米等众多团购网站上，餐饮行业赫然排在第一位，如图 1-24 所示。从这一点上，人们就足见团购网站平台的餐饮发展状况。

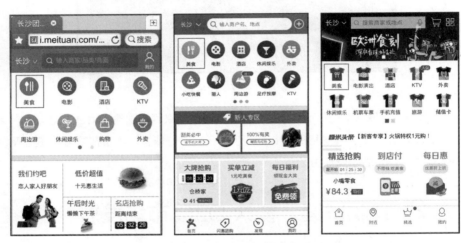

◆ 图 1-24　餐饮行业的团购网站排行

可以说，餐饮 O2O 在有团购的地方一直存在着。这一情形既受餐饮在人们生活中的地位所产生的影响，也受餐饮行业在团购网站中发展现状的影响。

借助团购网站的巨大作用，餐饮行业首先得以在 O2O 模式应用中参与进去，并随着其信息化和人力资源配套的逐渐发展实现，餐饮行业的 O2O 模式服务已经走到了诸多行业的前列。

1.2.2　品牌布局，差异竞争

在移动互联网时代，餐饮企业的发展布局在 O2O 模式上呈现出了很大的差异性发展趋势，这是餐饮企业竞争力差异化的表现，主要是表现在连锁型、品牌型餐饮企业与中小型企业之间的差异，具体内容如下。

❶ 餐饮品牌提前布局

在发展布局上，一方面餐饮行业领域中那些品牌企业拥有和吸引高学历、能力强的管理者；另一方面，它们在对互联网的认识上采取积极主动的态度。

❷ 中小企业被动跟进

在品牌布局上，中小企业受限于它自身的发展情况，导致在餐饮 O2O 的发展布局上呈现出一种被动跟进的状况。其原因有以下两点。

（1）在管理者方面，多采取内部提拔的方式，学历水平整体偏低。

（2）在营销认识上，目前还大多停留在利用微信平台营销的阶段。

1.2.3 模式尝试，微信标配

随着移动互联网和 O2O 模式的发展，大多数企业都开始了在微信上运营 O2O 模式的尝试，如图 1-25 所示。

◆ 图 1-25 餐饮 O2O 的二维码应用——点菜

其实，在餐饮行业中，除了图 1-25 中的等位环节的微信应用外，O2O 模式应用还有微信预定、微信支付等多种形式，这些都是餐饮市场 O2O 模式的发展情况，由此可见，于微信而言，它已成为餐饮 O2O 模式尝试的标配和主要营销工具之一。

1.3 趋势分析，餐饮 O2O 未来机会

在 O2O 的发展历程中，餐饮行业的 O2O 应用有其必然性，并将在这条路上持续发展下去，这主要表现在 3 个方面，具体内容将在本节中予以论述。

1.3.1 三大巨头，涉入发展

随着 O2O 模式的进一步发展，其前景被众多经营者看好，特别是以 BAT 为代表的互联网巨头纷纷涉入其中。

互联网巨头拥有丰富的信息资源和平台入口，这些为其进军餐饮 O2O 提供了可能。目前，互联网企业在餐饮领域呈现出了迅速掘进的发展态势，特别是在外卖平台领域，BAT 三大巨头——百度、阿里巴巴和腾讯表现出了其巨大的发展魄力，如图 1-26 所示。

（1）

（2）　　　　　　　　（3）

◆ 图 1-26　餐饮 O2O 外卖领域的三大巨头布局

其中，阿里巴巴和腾讯各自支持的外卖平台选择了合并——新美大，这一强强联合在资源整合的情况下，占据了外卖市场的 50% 以上的份额。

1.3.2 亟待转型，无缝对接

餐饮行业，是一项本地化的生活服务，在互联网＋战略发展下，想要充分利用本地化优势，并实现运营的专业、精准，就需要应用 O2O 模式实现传统餐饮的转型发展，把餐饮 O2O 的产品线与服务线、线上与线下无缝对接起来，如图 1-27 所示。

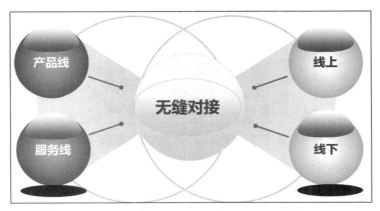

◆ 图 1-27 传统餐饮转型的无缝对接模式

而其业务领域的无缝对接是实现传统餐饮转型落地的必要条件，在其转型过程中，O2O 模式发挥了它应有的作用，具体内容如下。

（1）顾客数量的连接，解决了餐饮转型的消费者这一核心问题。

（2）消费数据的管理，提供了餐饮转型的信息无缝对接的可能。

同时，在传统餐饮的 O2O 应用的转型路上，还需要建立一个属于企业自身的 CRM 系统，采取"互联网＋餐饮"的模式，实现线上支付和线下消费、评价的 O2O 模式应用，从而为消费者带来便捷服务和提升餐厅知名度，在发展中逐渐实现传统餐饮业的转型。

1.3.3 百家争鸣，未来导向

目前，餐饮行业在 O2O 模式的应用上正处于一个非常繁盛的时代。随着社会的发展，这一应用情形也将越来越呈上升趋势，将会为餐饮从业者和创业者提供更多的发展机会。

基于餐饮 O2O 的百家争鸣的发展态势，餐饮企业或商家也逐渐将目光投向了这一领域，越来越多的餐饮品牌和产品加入了这一阵营，如图 1-28 所示。

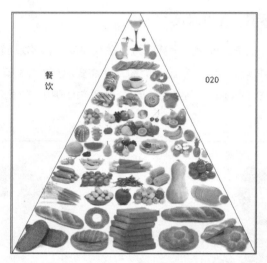

◆ 图 1-28　O2O 阵营的餐饮品牌

　　越来越多的餐饮商户在逐渐增强的互联网意识影响下，更倾向于利用网络工具来为餐饮营销增添助力。特别是随着互联网和移动互联网平台进入门槛的降低，相信，各餐饮商户必将成为推动餐饮 O2O 发展的重要力量，从而为丰富我国餐饮业的 O2O 市场和提升人们的生活质量积蓄力量。

　　且随着本地化生活服务、社交平台应用和移动设备入口级应用的餐饮服务模式的逐渐成熟，未来餐饮行业的发展方向在 O2O 模式应用的导向作用下，将向着理想的模式和方向发展，如图 1-29 所示。

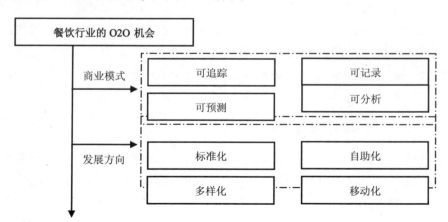

◆ 图 1-29　餐饮行业的 O2O 模式发展机会

模式详解，餐饮 O2O 的市场生态

随着餐饮 O2O 模式的发展应用，其市场生态圈逐渐形成和完善，多种基本市场运营模式和策略模式呈现，并在线上线下渠道的融合过程中实现落地。

本章将针对餐饮 O2O 的商业模式和落地的元素融合进行解析，帮助读者更好地实现餐饮行业的新发展。

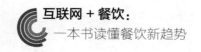
2.1 构成餐饮 O2O 市场运营的模式

随着餐饮 O2O 的发展，不同餐饮企业或商家根据各自的经营状况与优势，选择不同的渠道和媒介，进行多种 O2O 模式的尝试，从而形成了其市场模式形态多样化的特征，具体模式类别如图 2-1 所示。

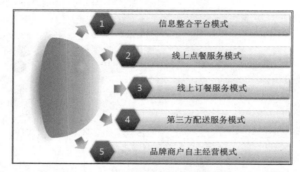

◆ 图 2-1 餐饮 O2O 的基本模式类别

2.1.1 信息整合，渠道提供

在餐饮 O2O 模式中，其信息整合交易的平台模式的关键就在于平台上信息整合所带给消费者的更便捷的体验、交易、支付与服务。

该类平台其实就是提供给消费者和餐饮企业等的融合了线上线下信息的渠道。在此，餐饮 O2O 通过平台实现其模式的应用。在这一过程中，提供给用户多种平台信息，具体内容如下。

❶ 地理位置信息

这是消费者进行餐饮消费，特别是到店消费所必须了解的信息。关于这一方面的信息，主要包括餐饮企业或商家的位置信息，以及消费者距离和前往路径信息等，如图 2-2 所示。

❷ 商流与资金流信息

在这一信息整合类别中，主要是针对餐饮企业或商家的基本情况而言的。

从商流信息角度来说，主要是关于餐饮商户除位置信息外的其他服务信息，如菜品、商家套餐、服务提供、购买须知等。

从资金流角度来说，主要是消费的支付信息，如餐饮预订支付、支付方式选择、退款方式等诸多信息。

◆ 图 2-2　地理位置信息

❸ 消费者信息

这类信息的整合是基于消费者角度而言的，大多产生于消费过程中或过程后。这类信息主要有会员积分，消费者优惠券、代金券和红包等方面的信息，如图 2-3 所示。

◆ 图 2-3　代金券和红包

餐饮 O2O 的信息整合交易的平台模式，从其特征来说，是一个端到端、点到点和社交化的服务模式，具体内容如下。

（1）端到端。通过网站、APP 和微信等渠道，实现餐饮商户、品牌直接到消费者的营销，在这一消费过程中，省去了诸多过渡环节，呈现的是犹如一个端点到另一个端点的直线路径的消费状态。

（2）点到点。这与端到端的餐饮 O2O 模式特征有异曲同工之妙，它是一种实现直接链接的消费方式。在这种方式的运营下，消费者可以在搜索过程中从接触点直接跳到单品或者具体活动，而无须再利用传统互联网时代的门户和搜索模式。

（3）社交化。在餐饮 O2O 模式应用中，实现了对个体的社交网络的充分应用。从某种程度上来看，餐饮 O2O 其实是一种建立在个体背后的社会关系上的营销模式。

提供给消费者各方面信息和有着鲜明特征的信息整合平台模式是餐饮 O2O 的基本模式，在我国，这类模式应用的典型代表是美团和大众点评等团购网站。

这类模式的应用方式是搭建餐饮信息平台，通过整合成为本地化生活服务的基本组成部分，而平台本身在餐饮 O2O 模式的运营中充当起了生态架构师的角色，为餐饮 O2O 模式的应用拓展提供助力。

2.1.2　线上点餐，多样发展

餐饮 O2O 模式的应用，在点餐服务也实现了多样化的发展模式，大概可分为两大类，具体内容如下。

❶　线上点餐，线下配送

O2O 点餐服务模式，其中应用较早的就是线上点餐、线下配送的模式。在我国，这一点餐服务模式应用的典型代表是饿了么、淘点点等外卖网站，如图 2-4 所示。

值得注意的是，应用这一餐饮 O2O 模式的企业或商家必须具备自行配送能力，有足够的条件支撑商户自身的外卖服务。

❷　到店线上点餐，即时消费

这类点餐服务目前已经在多个地方的多家商户获得了应用。图 2-5 所示为该类模式的到店手机点餐应用。

◆ 图 2-4　饿了么

◆ 图 2-5　餐饮 O2C 的到店手机点餐的服务模式

　　这一点餐服务模式经历了十几年的发展和沉淀后，餐饮 O2O 的接入为其注入了新的活力，传统点餐软件点菜宝和新兴的点餐服务——微信点餐、APP 点餐等纷纷布局，在点餐服务模式中一展身手。

其中，到店线上点餐的新兴模式在推进餐饮 O2O 模式应用拓展的同时，也有益于餐饮商户和消费者的应用，具体如下。

（1）为消费者提供更加便捷的服务。

（2）简化了餐饮服务员的工作流程。

（3）规范管理方式和节省运营成本。

2.1.3　线上订餐，服务切入

关于餐饮 O2O 的线上订餐服务模式，从其在国内发展的大体情形来看，主要是以大嘴巴等订餐平台为主要代表和切入渠道，如图 2-6 所示，大嘴巴成功实现了线上订餐、订台、排队点单等服务，是餐饮 O2O 领域应用的一个重要表现和组成部分，推动着其生态圈的建设和完善。

◆ 图 2-6　大嘴巴订餐平台

下面以我国在线订餐网站——美餐网为例，从以下三个方面具体介绍餐饮 O2O 的线上订餐服务模式。

❶ 完善的订餐流程

在美餐网的 O2O 在线订餐服务理念中，其寻求的是利用线下资源拓展"小半径服务"模式和挖掘"小半径服务"价值，针对这一问题有着完善的订餐流程，具体如图 2-7 所示。

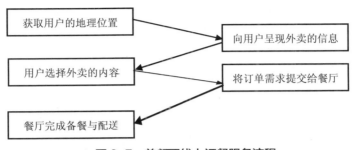

◆ 图 2-7　美餐网线上订餐服务流程

❷ 订餐服务的优化

在订餐服务领域，美餐网进行了各方面的优化，具体如下。

（1）美食信息。共收集了北京 6 000 多家餐厅的 60 多万道外卖美食信息，全面丰富网站餐饮信息界面。

（2）餐厅地图。改善餐饮网络与地图布局，使其更流畅，为用户的查询提供更多的方便。

（3）定制首页。用户可将自己需要或喜欢的餐厅加以保存，形成用户专属和具有个人特色的首页，且网站将在以后的浏览过程中自动记录用户浏览的餐厅网页和网站，从而在订餐服务中提供更便捷的接入方式。

（4）订餐界面。美餐网在订餐流程上，采用的是常用餐厅和订餐页面的同步呈现，实现订餐界面与各个餐厅的对接。

美食网在进行订餐服务优化的过程中，以拓展"小半径服务"为目标，在有限的小半径服务范围内创造出无限的服务价值可能性。

❸ 订餐服务的条件提供

在餐饮 O2O 模式应用中，餐饮企业或商家想要实现外卖订餐服务的小半径式的密集网络覆盖，其网络平台还需要具备以下 3 个基本条件，只有这样，才能真正地完成餐饮 O2O 的小半径服务。

（1）餐厅网络。需要覆盖数量足够的餐厅，同时进行确切地理位置的核实。

（2）菜单信息。餐饮企业或商家应该对线上和线下的菜单信息根据具体情况进行及时更新和替换。

（3）问题协调。从开始的客户订餐到最终外卖送达这一过程中经常会产生

诸多问题，如催餐、更改菜单等，餐饮企业或商家应该有足够的能力去及时应对这些不定因素。

2.1.4　第三方配送，半径打造

餐饮 O2O 模式应用中的第三方配送服务的产生，其实就是餐饮企业在订单与配送人员数量不对等情况下发展的结果。关于第三方配送服务的产生，具体原因有二。

（1）原因一：从消费者角度来说，他们对配送服务有着较为旺盛的需求，特别是众多上班人士倾向于选择这一就餐模式。

（2）原因二：从餐饮企业的资源角度方面来说，一般在配送业务方面显得人员配置不足，特别是在用餐高峰期，这一问题更是突出。

正是基于这两个方面的不对等关系，餐饮行业的第三方配送服务应运而生，经过一段时间的发展，已经形成了一定的规模。

在我国，如点我吧、到家美食汇等利用第三方配送的典型外卖服务网站，在餐饮 O2O 模式营业过程中，不仅能增加餐饮企业或商家的服务半径，还能最大程度地解放服务员，节省其人力成本。

关于餐饮 O2O 外卖的第三方配送，其在发展过程中具有明显的优势，具体内容如图 2-8 所示。

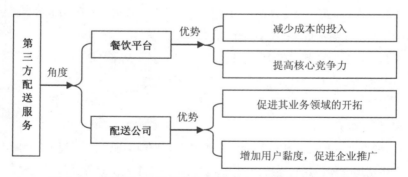

◆ 图 2-8　餐饮 O2O 外卖业务的第三方配送服务模式优势分析

2.1.5　自主经营，品牌提升

所谓"品牌商户"，主要是指从平台运营、订餐、点餐到配送都能实现自主经营，并有着自身的产品品牌的餐饮企业。

在这方面，KFC、俏江南等是典型的代表企业。图 2-9 所示为著名餐饮品牌俏江南。

◆ 图 2-9　餐饮 O2O 的品牌商户自主经营代表

在它们的企业运营布局中，连锁配送业务是其营销的增值服务的一种，主要目的是提升其自身的品牌形象，力争在品牌服务意识方面更进一步。而就餐饮 O2O 而言，KFC、俏江南等在这方面的模式应用只是其对业务拓展的尝试。

2.2　推进餐饮 O2O 发展应用的策略

餐饮 O2O 模式的应用，从其策略上来说，可根据其特点的不同进行具体区分，主要包括 4 类，如图 2-10 所示。

◆ 图 2-10　餐饮 O2O 的策略模式类别

2.2.1 大众模式，依靠互联网

所谓"大众模式"，亦称"平民模式"，也就是说，在这种餐饮O2O模式应用中，其所采取的策略是被大多数人所理解的，是一般人能够接受与接触到的模式，它具有两个基本的特征——理解和使用。

说到"理解"，是指这种模式能够使人很快明白通晓，一下子就能实现与餐饮O2O的互动对接。

说到"实用"，重点在于这种模式是与理论相对的，它突破"高大上"的理念束缚，追求的更多的是能够基于大众理解的层面而为更多人所接受。

大众模式，简单来说，在上述两个特征层面上，其所要求的范围是针对所有潜在的消费者和餐饮商户的。

从消费者角度来说，人们在此模式运营下实现了生活服务——餐饮消费的便捷，相较于传统餐饮而言，这种应用简单的模式明显更易在市场中推进，因而得到了消费者的广泛接受，在生活中处处可见这种模式的使用，甚至包括农村都有着它的存在，如图2-11所示。

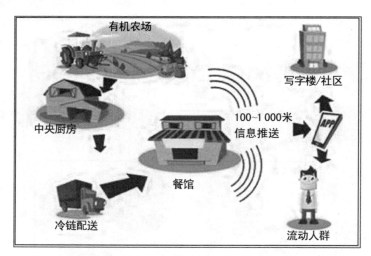

◆ 图2-11 农村的餐饮O2O模式应用

从餐饮商户的角度来说，这种模式的营销应用是被他们所熟知的，并加以了应用，如餐饮行业的微信公众号就是一个非常明显的例子。

餐饮商户通过微信公众号不仅可以向消费者传递美食品牌、菜品、优惠等各种服务信息，还能直接通过它订座、下单，使得传统餐饮到店才能完成的行为能够在线上瞬间完成。更重要的是，它可以在吸引用户消费的同时有效地利用时间，提高服务的效率。

大众模式是一种迥异于侧重餐饮 C2O 理论的策略模式，它的应用从一定范畴内来讲只是一场互联网领域内的餐饮掘金，通过指下灵活的键盘敲击来部署其美食营销盛宴。

可以说，大众模式只是互联网和餐饮营销的简单相加和结合应用，即在互联网这一巨大的密集体系连接中，利用其丰富的信息资源，为餐饮企业或商家提供营销的渠道，吸引广大消费者的关注，以此扩大营销影响。

其实，这种模式从其本质上来说，还不能成为餐饮真正意义上的"O2O 化"，在这种模式的应用中，它充其量也只是充当了一个辅助工具的角色，而没有形成系统的 O2O 模式应用系统，也还没有和餐饮 O2O 主流的资金流和商流管理体系完成真正的对接。

2.2.2　互联网精英模式，借助线上流量

所谓"互联网精英模式"，根据其作用和特征，也称为"平台流量模式"，即餐饮企业或商家希冀借助互联网平台实现引流，从而获得线下市场竞争优势的餐饮 O2O 策略模式。

餐饮 O2O 模式的互联网切入，三互联网精英模式的推广策略而言，其实就是借助了平台的流量优势。关于其具本的互联网平台应用的产品，目前来说涉及了餐饮整个营销过程和消费环节，如团购、优惠券、预订和点餐等。图 2-12 所示为餐饮 O2O 的团购产品在互联网平台的切入。

◆ 图 2-12　餐饮 C2O 为互联网平台切入的团购产品举例

对于瞬息万变的市场而言，谁取得先机谁就率先拥有了成功的机会，尤其是日渐饱和的餐饮业市场，面对成本上涨和同质化严重的发展问题，如图2-13所示，利用互联网平台取得先机已经成为餐饮O2O推进的必要途径。

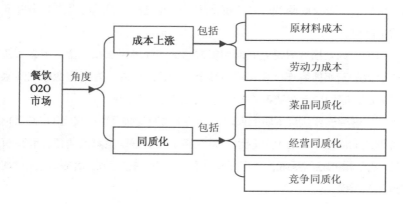

◆ **图 2-13　餐饮 O2O 市场发展和推进存在的问题**

在互联网产品中，团购是餐饮O2O的互联网精英策略模式下比较典型的平台产品应用。

餐饮团购营销利用价格这一优势，在互联网平台运营的巨大客户流量引导下，从线上延展到线下，通过顾客的线下消费增强客户的忠诚度和信任度，最终实现对线下市场的反攻，这是互联网精英模式的基本策略意义所在。

2.2.3　个性模式，与商户端深度合作

相较于平民模式和互联网精英模式而言，无疑个性模式的餐饮O2O应用有了进一步的发展，主要表现在对消费者的精准定位上。

纵观餐饮行业的成功典型，无一不是凭借着其市场的精准定位、差异化服务来满足消费者的需求而获得成功的，如雕爷牛腩的"70、80后"消费人群定位。

而在精准定位这一项内容上，更是与互联网和移动互联网的消费者数据库分不开。因此，开展餐饮O2O的个性模式，需要通过互联网和移动互联网平台，建立消费者数据库，完成定制的会员营销模式创建和推广，改进餐饮产品和服务，如图2-14所示。

更重要的是，餐饮O2O的个性模式在餐饮企业或商家自身的消费者数据库之外，还实现了与其他餐饮商户的数据深度对接服务，突破行业间的信息孤岛，深入地与餐饮商户端合作，在其深厚的行业沉淀下，实现商户与消费者两端的利

益平衡,从而更好地服务于商户端和消费者终端。

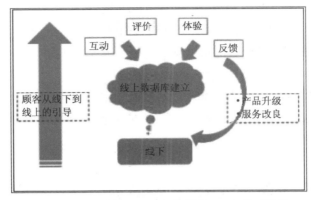

◆ 图 2-14　大数据环境下的餐饮 O2O 模式改进

除此之外,餐饮 O2O 的个性策略模式,还能在更深入地了解用户需求的基础上定制个性化的 O2O 解决方案,从而逐渐摆脱竞争同质化、经营同质化的困境,并逐渐推进 O2O 模式的发展和应用。

2.2.4　黑马模式,引入餐饮管理软件

在此,"黑马"一词主要是指涉足餐饮 O2O 领域的管理软件。图 2-15 所示的 "二维火" 就是应用较广泛的一例。

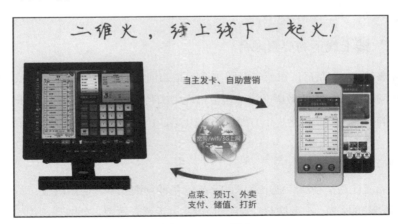

◆ 图 2-15　二维火

众多周知,在餐饮 O2O 市场,其市场获利需要彻底解决商户端、平台和用户端这三者之间的关系勾连问题,才能真正意义上解决进入餐饮 O2O 市场的问题。

在互联网平台拥有平台和用户端二者的情形下，商户端就成了发展餐饮 O2O 市场的唯一不稳定因素，基于此，二维火应运而生。

二维火是一款倾向于帮助餐饮商家解决餐馆的管理问题的软件。它基于互联网平台，通过收银系统的管理逐渐占据商户端，又在改进的基础上利用 APP 开始进军用户端。

因此，餐饮 O2O 从餐饮的管理软件着手，由线下发展到线上，在降低餐饮管理软件成本的同时，实现了商户与用户的有效沟通，并在线上与线下无缝对接实现的情形下推进 O2O 市场发展。

2.3 促成餐饮 O2O 模式落地的要素

餐饮 O2O 模式的应用，是建立在其生态圈的建设上的，而其生态圈的建设必须具备两条渠道的贯通与兼容，具体如下。

（1）实体渠道分销。

（2）线上渠道直销。

只有实现这两条渠道的不同业务模式的兼容和结合，餐饮 O2O 模式才能在经济领域得以推进和广泛应用。

具体来说，想要真正意义上实现 O2O 模式在餐饮行业的落地应用，其决定因素包括以下 3 个方面的内容。

2.3.1 线上线下的要素融合

就餐饮 O2O 而言，它首先要解决的就是如何实现线上线下的融合和贯通，从这一问题出发，需要考虑在这一融合过程中的各组成元素的问题。关于线上线下融合的要素，主要包括 5 个方面，具体内容如下。

❶ 产品流

产品流，是指餐饮企业或商家的产品的各种营销元素，包括概念、品种、包装、形象和价格等。在餐饮 O2O 模式应用中，上述元素都必须做到一致，当然，为了更仔细地进行归类管理，在不同的营销渠道上，可以在规格上根据其消费特性进行区分。

具体来说，产品流链条上的产品在餐饮 O2O 模式中，其在线上线下所呈现出的状态不应该与以往的商业模式一样——是分离的，而应该是融合的。

　　而这一问题的解决依赖于企业的产品规划体系的构建，也就是说，必须对其产品进行统一的品牌定位规划，并基于不同的销售渠道制定出与之相应的产品结构。

　　❷ 资金流

　　在餐饮O2O模式中，网上支付是其实现的核心，如图2-16所示，这在线上线下的要素融合范畴中就是指资金流的融合。只有实现线上支付，使消费者的线上线下支付渠道畅通，才能真正打通O2O的线上线下生态圈。

◆ 图2-16　线上支付

　　因此，在原有的线下支付体系完善的基础上，餐饮O2O落地的资金流融合重点要关注的就是网上支付的体系构建和渠道畅通。

　　❸ 物流

　　在现今社会的营销实现中，物流占据着相当重要的一环，它是餐饮产品到达消费者手中的关键环节。因此，餐饮O2O模式的应用发展需要实现物流体系的融合，它包括两个方面的内容，具体如下。

　　（1）第三方配送的物流实现。从这一角度来说，主要是一般的餐饮商家采用的模式，他们借助外卖平台和第三方配送企业将餐饮产品送达消费者手中。

　　（2）企业自身的当地配送。这主要是针对连锁餐饮企业和具有配送能力的餐饮商家而言的。在此，以连锁企业为例对物流的融合进行了解。

　　一般的餐饮连锁，在一个城市的不同地点都有着它的分布，消费者如果需要

在交易地点外的餐饮连锁店家进行消费，可以采取消费点的当地配送或当地门店自行提货的方式；另外，假如消费者临时变更消费点，也可以根据餐饮连锁的店家分布选取最近的消费点实现配送；等等。这些基于物流融合问题的解决都需要餐饮企业或商家自身向 O2O 商业模式转变。

❹ 信息流

在互联网和移动互联网平台上，餐饮 O2O 和大数据都是其信息整合的表现，同时，大数据体系的构建是实现 O2O 模式的又一个核心内容。利用大数据体系，融合线上线下渠道的信息流，才能更好地在餐饮行业支撑 O2O 模式的落地。

线上的主要是关于消费者购买行为的数据信息，具体如图 2-17 所示。

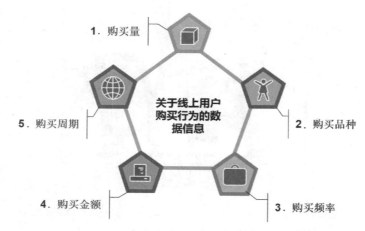

◆ 图 2-17　餐饮 O2O 的消费者线上购买信息

线下的主要是基于互动而产生的购物心理方面的数据信息，如图 2-18 所示。

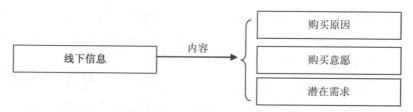

◆ 图 2-18　餐饮 O2O 的消费者线下心理数据信息

在线上与线下的信息整合中，餐饮企业的会员信息是一个非常重要的参考依据，因此，有必要对线上线下的会员消费等方面的信息进行整合，具体如图 2-19 所示。

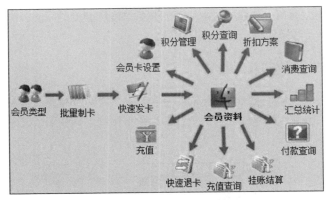

◆ 图 2-19 餐饮会员卡信息

当线上和线下的数据信息实现整合，并在一定情形下得以互相印证，这样将使得餐饮 O2O 模式下的营销更具有消费洞察力，才能最大限度地推进 O2O 模式的落地。

❺ 商流

就商流的融合而言，它主要是指餐饮行业的服务和宣传领域，这是 O2O 模式的线上线下融合范畴内需要重点关注的问题。

从宣传角度而言，餐饮 O2O 模式的落地必须充分从线上和线下这两条不同的渠道进行挖掘，在了解了其特征的基础上实现商流中宣传要素的融合。图 2-20所示为线上和线下宣传各自的特征分析。

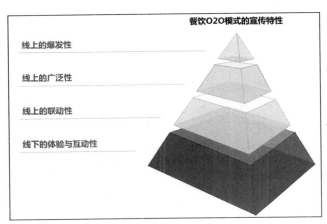

◆ 图 2-20 餐饮 O2O 模式的线上线下宣传特征分析

从服务角度而言，在强化线上线下的服务态度和速度的同时，更要注重线下的现场互动效应的发挥。

2.3.2 品牌价值的双向流转

餐饮 O2O 模式的营销体系其实就是线上线下构成的闭环，因此，这一模式有着它本质的特征，既是双向的——线上到线下和线下到线上，又是开放的，如图 2-21 所示。

◆ 图 2-21　餐饮 O2O 模式的双向特征

基于餐饮 O2O 的本质特征，它需要实现餐饮品牌产品的线上与线下渠道之间的双向、开放的价值流转。也就是说，既需要从线下到线上为消费者提供餐饮企业或店家的相关信息，也需要从线上到线下为消费者提供便捷而周到的服务，从而最大限度地诠释餐饮品牌产品的价值，提升品牌竞争力。

在此，烟台黄飞红麻辣花生的 O2O 营销就是一个典型案例。图 2-22 所示为产品与拉手网进行 O2O 合作的营销图片。

◆ 图 2-22　产品与拉手网进行 O2O 合作的营销图片

黄飞红麻辣花生的快速发展可以分为三个阶段，具体内容如下。

第一阶段，线上爆款阶段。在这一阶段，通过线上线下的联动反哺，重点打造新品电商渠道的市场营销模式，在保障分销商利益的情形下进行大力推进，从而形成了线上爆款局面和效应。

第二阶段，线下渗透阶段。在第一阶段的线上活动辅助下，黄飞红麻辣花生开始侧重渗透线下渠道。在这一阶段，它将目光瞄准写字楼白领阶层，有针对性地根据其特性开展营销活动，以此来实现其对线下渠道的进一步渗透。

第三阶段，卖场效应阶段。该阶段主要是在前面两个阶段的口碑影响的基础上开始进军大型商超，借助大卖场的大量人流，实现线下营销的第二次落地。

2.3.3　最大化的价值整合

上面已经就餐饮 O2O 模式的品牌价值的表现和特征进行了介绍，下面则将从品牌价值的最大化角度出发，基于线上线下融合理念，实现餐饮 O2O 模式的落地。

所谓品牌价值的整合，其实是针对同一品牌而言的，且在餐饮 O2O 模式应用中，特指线上线下的同一品牌的产品价值整合。

那些专门通过某一渠道进行独立品牌经营的策略从严格意义上来说并不能称之为餐饮 O2O 范畴内的最大化的价值整合，其原因就在于它不能解决品牌的线上线下有机整合和不同渠道的业务模式彻底打通问题，不能实现真正的 O2O 落地。

因此，只有在 O2O 模式的生态系统范围内，针对同一品牌，既进行线下渠道的分销运营，又在线上进行该品牌商业直销，从不同本质的两种渠道出发，构建一个兼容的商业模式，才能实现品牌价值的最大化有机整合，最终完成 O2O 模式的落地。

逐步发展，餐饮 O2O 的推广应用

O2O 模式的应用首先在餐饮行业取得了巨大发展，在该行业领域内的推广应用也形成了具有其自身特色的发展过程。

本章将概述餐饮 O2O 模式推广的重点内容、诀窍和实战案例，为读者呈现一个全面的 O2O 推广过程。

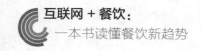

3.1 餐饮 O2O 推广入门

在 O2O 模式的市场应用中，餐饮业作为百业之王率先进行了尝试，并获得了巨大发展。然而，从总体状况来看，目前的餐饮 O2O 市场还处于过渡阶段，具体表现如下。

（1）线上平台推动。

（2）线下被动接受。

而餐饮 O2O 想要获得进一步发展，实现真正的爆发，就需要进行推广，从而实现线下商户主动接受和运用互联网及移动互联网的目标。那么，应该从哪些方面着手餐饮 O2O 模式的推广应用呢？下面将从以下 5 个方面进行分析。

3.1.1 用户体验新高度

众所周知，无论是传统行业还是互联网＋行业，用户体验永远是决定一个企业能否持续发展的重要因素。作为服务业类的餐饮行业的用户体验更是重中之重，因此，通过哪些细节来提升用户的体验，并能从中获益，成为商家们首要思考的问题。

在餐饮行业中，涉及消费者体验的场景主要集中在 3 个方面，如图 3-1 所示。

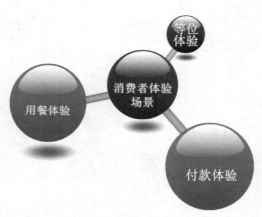

◆ 图 3-1　餐饮 O2O 模式应用中的体验场景

"餐饮 +O2O" 的到来，让传统餐饮业借由互联网思维，将消费者在各个环节的体验升级到了一个新高度。

❶ 等位体验

在等位环节中，为了提升用户的"等候"体验，各餐饮企业或商家可谓是"奇招"迭出，如图3-2所示。

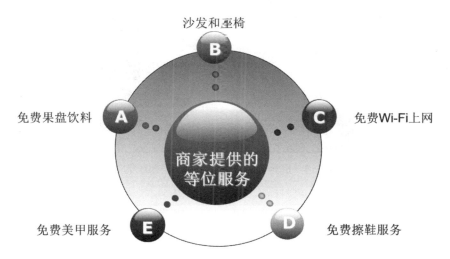

沙发和座椅 B

免费果盘饮料 A

免费Wi-Fi上网 C

商家提供的等位服务

免费美甲服务 E

免费擦鞋服务 D

◆ 图3-2 餐饮O2O的等位服务内容

在这些等位体验提升的策略中，其实是各有其使用餐厅和场景的，具体如下。

（1）如果是大众消费为主的餐厅，就为用户免费提供小吃、饮料。

（2）如果是女性用户为主的餐厅，就为用户提供免费的美甲、化妆服务，如图3-3所示。

◆ 图3-3 提升等位体验的美甲服务

（3）如果是家庭组合为主的餐厅，就为用户提供儿童娱乐中心。

（4）另外，大多数餐厅安装了"智能叫号"系统，可以让用户通过手机实时查询排队的情况，如图3-4所示。

◆ 图3-4　提升等位体验的智能叫号系统的应用

❷ 用餐体验

在这里，用餐体验是指包括点餐与用餐环节的全过程。

在点餐环节中，为了提高用户的体验，很多餐厅开始利用平板电脑来进行点餐，这样不仅符合移动消费者的日常生活习惯，而且还提高了用户的点餐效率。

在用餐环节中，为了给用户营造一个良好的用餐氛围，很多餐厅推出了一些具有特色、风情的歌舞表演，让用户在用餐的过程中享受愉悦体验，如图3-5所示。

◆ 图3-5　提升用餐体验的歌舞表演

❸ 付款体验

付款环节的体验升级往往是最容易被商家忽视的，以往的付款通常是付现金或者刷卡，但是随着移动互联网的普及，移动支付走上了"餐饮 O2O"的舞台。

目前，很多商户为用户提供了便捷移动支付解决方案，例如通过智能 POS 机实现各种移动支付场景，包括刷卡、微信支付和支付宝支付等。

通过多样化移动支付场景，可以加深用户与商家的关联性，特别是通过扫描二维码引导用户关注商家公众号或者支付宝服务窗，可以建立起与用户之间的深厚联系。

3.1.2 企业单品精而美

从餐饮 O2O 的目前情形可以看出，未来的餐饮 O2O 企业模式大致可以分为两种类型。

一种是平台模式，平台既包括企业或商家所依靠的具有强大优势的大平台，也包括自建平台；另一种则是创建独立餐饮品牌模式，这是一种致力于创建具有自身特色和价值的企业单品的营销模式，也是打造精而美的企业单品的平台基础。

"精而美"的餐饮企业是指依靠口味和口碑来吸引用户群体的餐饮品牌企业。相比依靠大平台引流的餐饮企业来说，"精而美"的餐饮企业主要是靠独特的菜品、精准的用户定位来获得稳定的用户群，能够获得更好的用户体验，因此从长远的角度来看，"精而美"的餐饮企业更能经受市场的"优胜劣汰"规则。北京全聚德烤鸭就是符合"精而美"标准的餐饮企业。图 3-6 所示为全聚德推出的烤鸭系列。

◆ 图 3-6　全聚德推出的烤鸭系列

更重要的是，"精而美"餐厅不仅仅是指依靠口味和口碑来吸引用户群体，它还可以打造出一款能够让所有用户记住的极致单品。例如，日本的寿司、兰州

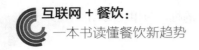

拉面、韩国石锅拌饭、重庆担担面等。

这种单品店有诸多优势，具体内容如图 3-7 所示。

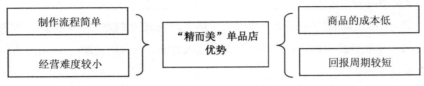

◆ 图 3-7　"精而美"企业单品店的优势介绍

3.1.3　平台体系标准化

餐饮 O2O 的发展并非一帆风顺，也经历了很多的挫折与磨合，打造餐饮 O2O 需要努力实现 3 个标准化，具体内容如下。

❶ 标准化的服务体系

要实现服务体系的标准化，就必须解决服务体系中存在的一些难题，例如：

（1）由于传统餐饮行业信息化程度并不高，因此向"互联网＋"领域转型跨界的步调缓慢。

（2）由于餐饮行业对员工的计算机技术水平要求不高，因此在移动互联网时代，很多线下门店都缺乏相关的技术人员。

（3）在餐饮 O2O 平台上，由于缺乏专业的技术人员，因此难以与网络平台进行有效对接。

（4）没有专业人员对用户的反馈数据进行获取并分析。

以上这些因素都影响着整个餐饮 O2O 平台的运作效率。

❷ 标准化的订单体系

一个标准的订单流程，对餐饮企业来说至关重要，它包括以下几个环节。

（1）线上用户数据。

（2）线下用户数据。

（3）订餐数量、种类。

（4）不同时间段的订餐数量。

（5）资金数据的传递等。

以上所列出的环节都需要具有规范的订单流程和格式，它们的标准化体系的建立是平台体系的重要组成部分，最终要求是使其具有评定餐饮行业的项目效果、提升用户的消费体验和考核餐饮企业的员工业绩等作用。

❸ 标准化的支付体系

在传统行业中，线上网银支付体系、线下现金或者刷卡支付体系都有了自己的一套标准，但是在餐饮O2O模式应用中，能将线上、线下相结合的支付体系还不是十分完善。

因此，企业应该在二维码、支付宝等新兴支付技术的基础上构建出一套属于自己的支付体系，并使其具有自身的优势，具体如下。

（1）高安全性。

（2）高效率。

（3）低成本。

3.1.4 平台完善多样化

O2O模式需要线上与线下的结合，餐饮企业想要打造一个完善的O2O平台，就需要从打造前、打造过程和打造后改善等三个阶段来完善餐饮O2O平台，具体内容如下。

❶ 打造前：企业资源计划系统建设

企业的餐饮O2O平台完善的前提是建立一个企业资源计划系统，这是达到餐饮O2O营销目的的资源条件。

所谓"企业资源计划系统"，即在企业的信息技术和信息资源基础上，企业为了更好地实现系统化管理而建立的管理平台。就其实质而言，它是一个集成了企业内部和外部供需链上资源与信息的信息、业务管理平台。它是消除企业内部信息分割，实现信息孤岛突围的有效途径和必要手段。

❷ 打造过程：企业O2O平台建设

在拥有足够资源的条件下，接下来要做的就是着手O2O平台建设。具体来说，O2O平台是一个具有多个领域和体系的平台系统，在进行该平台的打造时，应循序渐进地从4个方面着手，具体内容如下。

（1）建设一个O2O网站，与用户实现在线沟通和互动。

（2）开发手机 APP，实现移动端预订、点餐、支付等功能。

（3）建立一套积分系统，打通网站、APP 及餐厅之间的互通。

（4）用二维码、NFC、LBS 等移动互联网技术来打造平台支付体系。

❸ 打造后：用户反馈追踪

O2O 平台的基本框架建立并得以应用，并不表示 O2O 平台的建设已经彻底完善了，其实，之后的用户反馈追踪才是对之前的所有建设过程进行检验和提供用户体验的关键。

因此，O2O 平台建设完成后，还需要时刻关注用户的信息反馈，并根据这些信息来维护和改善 O2O 平台环节。

3.1.5　用户管理全面化

想要实现餐饮 O2O 线上线下一体化，形成双向互通的闭环，就要做好用户的运营管理，主要体现在以下 4 个方面。

❶ 全面的用户消费流程管理

用户消费流程管理，是一个包含了众多内容的服务提供，主要内容如下。

（1）提供停车券、停车车位，引导用户找车服务，如图 3-8 所示。

◆ 图 3-8　餐饮 O2O 的停车券提供

（2）餐厅地理位置指南、会员卡、电子优惠券服务。

（3）提供周边社区推广、消费预约、合作商家优惠服务。

（4）提供基于互联网、移动互联网的 O2O 平台的一站式团购服务。

（5）提供基于移动终端的微信、微博、APP 和短信等方式的查询、咨询、信息推送服务。

❷ 多渠道的用户资料和客源信息管理

餐饮企业可以通过多种渠道获得用户资料和客源信息，如图 3-9 所示。

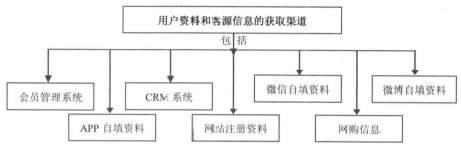

◆ 图 3-9　餐饮企业获得用户资料和客源信息的多种渠道

餐饮企业可以通过以上这些渠道获得消费者的各种信息，然后将这些信息进行分类处理，展开针对性的营销，以此增加用户的黏性，促进再次消费。

❸ 建立用户隐私和个人信息信任机制

在这个信息化时代，商家很容易就能够得到消费者的个人信息，为了取得消费者的信任，餐饮企业要公开承诺保护消费者的隐私及个人信息。

3.2　掌握诀窍，餐饮 O2O 迅速推进

O2O 的到来改变了传统餐饮行业的模式，针对 O2O 模式进行技巧性的推广，可以更快地推进餐饮 O2O 的发展和餐饮行业的发展。因此，掌握餐饮行业 O2O 模式的营销技巧，具有非常重要的意义。下面主要从营销、资源、产业、品牌和用户 5 个角度来具体介绍餐饮 O2O 模式的推广。

3.2.1　营销的精准定位

餐饮企业想要实现长远发展，就离不开对市场的精准定位，只有了解了用户的消费水平，并精确用户群体，才能有针对性地进行推广，才能更好地满足消费

者的需求。下面以黄太吉煎饼为例，进行具体说明。

诞生于移动互联网营销出现并快速发展大环境下的黄太吉煎饼，其新浪微博的粉丝数量已经超过了 7 万，他们大多是都市白领，这与黄太吉煎饼最初的客户定位大体相符。其实，黄太吉煎饼是基于白领这一群人的主要特点而确定目标客户群体的。关于他们的主要特点，具体如下。

（1）天天为吃饭的事操心。

（2）对食品的要求主要在于物美价廉、卫生安全。

（3）食物不能偏离生活而是要接地气。

（4）就餐环境要舒适，有格调。

黄太吉煎饼针对这些群体，做了大量的工作，因此用户体验反馈很好。

综上所述，任何企业想要在餐饮 O2O 营销中获得竞争优势，都必须做好精准定位这一环节，只有这样才能推进精准营销的实现。而要做好精准定位，包括 3 个方面的内容，具体如下。

（1）定位产品市场。

（2）定位客户群体。

（3）定位品牌内容。

3.2.2　资源的多渠道整合

在餐饮行业，O2O 模式的营销推广越来越普遍，而且在营销实战中表现出了很突出的成效，这是 O2O 模式的营销推广现状。

而想要保持这一状态的稳定发展和更大范围内的推广应用，就必须在互联网和移动互联网环境下进行多种推广渠道的资源整合，如图 3-10 所示。

◆ 图 3-10　餐饮 O2O 模式的多渠道推广

在整合资源的前提下进行的多渠道推广，能够在更好地提升客户体验的基本目标的基础上进行创新性营销，从而增强餐饮企业在移动时代背景下的竞争力，提升餐饮企业的综合力。

3.2.3 产业的价值链打造

"单打独斗"的时代已经过去，如今的餐饮行业呈现出了一种新型的竞争常态，如图 3-11 所示。

◆ 图 3-11 餐饮行业新型竞争常态

可想而知，餐饮企业未来的发展趋势，将会是价值链的竞争，餐饮企业的价值链的竞争力影响着企业的生命力，价值链之间环环相扣，互为影响，每一个环节都有相应的部分进行影响和制约，要把关好每一个环节的质量。

比如门店的选址、服务理念、系统管理等，餐饮企业想要稳固发展，甚至是实现快速前进，就要重视 O2O 的发展，以互联网作为入口，进行信息化系统管理，以及餐饮产业价值链的整合。

针对这一形势，餐饮行业的价值链整合应从 3 个方面着手，如图 3-12 所示。

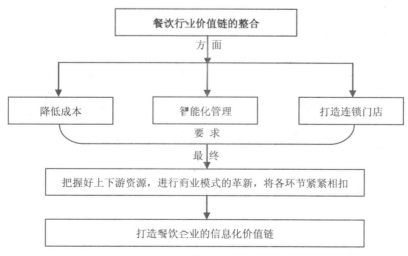

◆ 图 3-12 餐饮行业价值链的整合

移动时代的发展使得餐饮网络平台开始流行，因为人工成本大大降低，所以餐饮企业开始依靠网络平台进行营销推广、引爆线上流量，并且结合微博、微信等社交平台更是相得益彰，如此一来，打造餐饮O2O线上线下互通，实现商业价值就不是那么困难了。

因此，产业价值链是必须要好好整合的，利用好移动互联网的优势，提高销售服务的准确度和速度，加快资源在价值链上的流通速度，通过建立品牌评判标准，树立企业在市场中的威信，引领中国餐饮产业的革新。

3.2.4 品牌的转型创新

手机智能化时代，网上餐厅的出现使得消费者更加具有主动性，并且大大提升自主化服务，能够促进餐饮企业自身的信息化模式革新。

特别是随着时代的发展，餐饮业借助政策利好和互联网及移动互联网平台，大众化消费回归的发展的成效已经凸显，众多餐饮企业将获得更多的转型路径。图3-13所示为老品牌全聚德推出的新产品"小鸭哥"外卖产品套餐。

◆ 图3-13 老品牌全聚德推出的新产品"小鸭哥"外卖产品套餐

而从餐饮企业的角度来说，它们想要获得成功，就必须通过变革模式来进行创新，包括降低成本，来获取竞争优势。

如净雅食品公司集团旗下的品牌"阳光海岸"，经过市场消费刺激之后，转型成为精品海鲜火锅——"么豆捞"。"么豆捞"火锅是一种在传统豆捞、渔家海鲜的基础形式上融入广东老火汤的泛底的餐饮品牌，深受消费者的欢迎。

"么豆捞"成为净雅公司转型的品牌标志，而"么豆捞"的经营也很好地融入移动互联网，利用网上点餐系统、代金券等方式打入 O2O 市场。

收入不断扩大及成本的逐渐降低，两者结合才能盈利，在竞争力如此激烈的餐饮市场，要努力地降低企业运作成品，通过创新机制来完成变革，走向移动智能化、系统化、高效化的运作，打造成功 O2O 模式。

3.2.5 用户的角色转换

借助互联网和移动互联网的传播性及便利性，在餐饮 O2O 模式应用过程中，每个用户都成了网络的主体。此时，处于餐饮 O2O 模式应用过程中的消费者也不再仅仅是旁观者，还是见证者、参与者与体验者。

关于消费者这一角色的快速转换使得餐饮企业的线上线下营销变得更为谨慎，"以人为本、奉行用户至上、以客户为中心"的理念成为餐饮 O2O 企业必须面对的现实。

关于餐饮 O2O 模式应用中的用户思维的内容，具体叙述如图 3-14 所示。

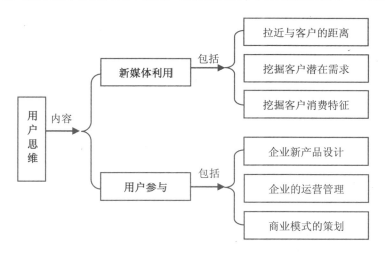

◆ 图 3-14 餐饮 O2O 模式中用户思维的内容介绍

3.3 餐饮 O2O 推广案例实战

中国餐饮 O2O 经过几年的发展，格局慢慢变得清晰起来，很多企业通过餐

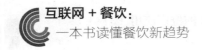

饮 O2O 模式的营销应用，获得了创新转型的成功。本节将为读者介绍几大成功的餐饮 O2O 平台和案例。

3.3.1 【案例】雕爷牛腩：全面推广"轻奢餐"

雕爷牛腩餐厅，是一家以牛腩为主打产品的餐饮店铺，该餐厅定位理念以"轻奢餐"为核心，如图 3-15 所示。

雕爷牛腩的"轻奢餐"定位理念

◆ 图 3-15 雕爷牛腩的定位理念

在 O2O 模式的营销推广方面，雕爷牛腩体现出了 3 个方面的主要特点，具体内容如下。

❶ 线下互联网思维的产品营销

雕爷牛腩用互联网思维做产品，一方面是注重用户体验，另一方面是注重产品细节，同时在菜品和餐具上下功夫。

❷ 微博平台营销的宣传推广

雕爷牛腩利用微博进行了大量的宣传推广，例如：

（1）在产品出品之前，邀请名人进行菜品品尝，之后让名人在微博上发布"吃后感"，既保持了神秘感，又形成了传播效应。

（2）开业前夕，邀请名人××到店进行宣传，然后通过微博名人进行微博热门话题传送。

（3）在微博上充分利用粉丝文化进行产品维护。

❸ 线上线下的客户重视

雕爷牛腩常常通过线上线下渠道实现其对客户的重视，这主要体现在两个方面，具体如下。

（1）客户反馈的重视。雕爷牛腩非常重视客户的反馈，常根据线上线下的客户反馈来决定是否替换菜品，以此充分地提升客户意见接受度和信任度。

（2）社交网络客户维护的重视。雕爷牛腩通过微博、微信等社交网络来引爆流量、进行传播并维护用户提升重复购买率。

3.3.2 【案例】黄太吉煎饼：互联网思维的 O2O 推广

黄太吉煎饼成立于 2012 年，是一家中式快餐食品公司，主打煎饼生意，总部位于北京，其目标是通过新思维打造新一代中国快餐，其中，互联网思维的应用就是一个重要的表现，如图 3-16 所示。

◆ 图 3-16 黄太吉煎饼的互联网思维应用

黄太吉煎饼的风靡与超高的人气，这一结果的形成离不开互联网思维，也离不开线上的互动和线下的用户体验。微博、微信、大众点评，无论是哪一种平台，黄太吉都玩得很溜，如图 3-17 所示。

◆ 图 3-17　黄太吉在微博平台上的营销表现

在线上，黄太吉常常和粉丝进行互动，或者抛出一些有力度的话题，引起粉丝的注意。图 3-18 所示为黄太吉的线下优惠活动。

◆ 图 3-18　黄太吉的线下活动

在线下，黄太吉利用多种途径，从客户角度出发，积极营造一个美好的环境和氛围，从而为留住顾客提供基础条件。

另外，在移动互联网时代，微博和微信朋友圈分享、自拍上传照片等成了人们的日常生活之一，因此黄太吉抓住了人们的这一习惯，通过提供免费 Wi-Fi，实现用户关于黄太吉店家信息的微博、微信朋友圈的即时传播，从而提升其知名度，打造口碑营销渠道。

3.3.3 【案例】易淘食：O2O"订台"模式的服务推广

易淘食，是一家初始于外卖送餐业务的O2O餐饮网站。该餐饮网站基于其合作商户的特征，走出了一条O2O模式应用的订台服务业务途径。

与美餐网外卖平台相比，易淘食采用的是一种与之截然不同的重型O2O模式，它形成了自身的美食服务体系——外卖送餐、订台点菜、企业团餐和积分商城，如图3-19所示。

◆ 图3-19　易淘网美食服务体系

其中，订台点菜是一个基于外卖业务的餐厅菜单数据的服务项目，其O2O模式的订台服务流程如图3-20所示。

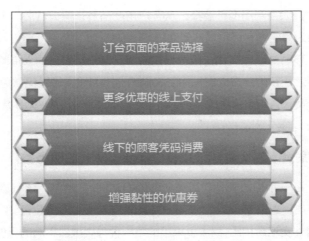

◆ 图3-20　易淘网聚会订台服务的流程

可以说，上面叙述的聚会订台服务是该餐饮网站的 O2O 特色模式，就如其餐厅的选择而言，从客户角度来看，就有多种方式可供客户选择，如图3-21所示。

◆ 图3-21　易淘网订台服务的客户餐厅选择依据

移动支付，餐饮 O2O 的支付工具

　　在餐饮 O2O 模式的线上线下闭环系统中，移动支付的实现为该模式的发展和推进提供了重要支撑和核心基础。本章将从必要性、主流平台、发展内容和现实应用等 4 个方面概述餐饮 O2O 模式下的移动支付。

4.1 移动支付，完善餐饮O2O

随着移动互联网和信息技术的迅速发展，传统的支付行为发生了翻天覆地的变化，移动支付顺应时代的发展隆重出场，不仅形成了对支付场景和支付技术的变革性创新，如图4-1所示，更是对市场商业模式的发展与改变有着非常重要的作用。

◆ 图4-1 移动支付的应用创新

其中，O2O模式的应用和推进更是离不开移动互联网发展下的移动支付体系的完善。下面主要从会员、大数据和营销渠道等3个方面介绍移动支付在餐饮O2O模式应用中的作用。

4.1.1 移动支付发展餐饮业会员

在互联网和移动互联网时代，对于餐饮市场的各自为阵、规模各异的线下餐饮企业或商家而言，一方面，它们急切需要利用网络平台类升级自身的商业发展模式；另一方面，其自身的线下餐饮服务又存在着多方面的问题，如图4-2所示。

就如以往发展正盛的团购，对于线下商家而言，并没有为它们提供真正意义上的发展模式升级，而是使其陷入了补贴与打折的旋涡和恶性循环中，导致商家的利润空间严重受损，而这一结果并不是线下商家在互联网和移动互联网发展大潮中所寻求的真正诉求。

线下商家所追求的是忠实的客户资源，而不是靠低价竞争而来的暂时的顾客，他们只有转变成为商家的会员才能更好地推动餐饮企业或商家的营销。

◆ 图 4-2　困扰餐饮线下商家的难题

　　然而在移动互联网时代，线下商家的实体会员卡已经很难适应消费者和餐饮企业或商家的发展诉求，从而使得大量潜在的会员流失。这是由线下餐饮商家的现状和传统的会员准入程序决定的，具体表现在以下两个方面。

　　（1）程序方面。人们在线下消费时，成为餐厅会员，通常都需要消费者扫描二维码和填写信息等，且这些所填入的信息还无法保证它的真实性和准确性。图 4-3 所示为用户扫描二维码登记会员信息的宣传广告。

◆ 图 4-3　用户扫描二维码登记会员信息的宣传广告

　　（2）管理方面。对于餐饮企业而言，人们用餐一般都集中在一个时间段内进行，这就使得当消费者在就餐高峰期进入时，线下商家有限的服务人员无法全部顾及，在会员登记和信息录入方面更是难以快速完成和应对，这些状况的出现，

一方面使得会员流失，另一方面又必会使得收银台的服务人员拉长了结账时间，导致服务质量的下降。

针对线下传统的实体会员卡而言，随着移动支付而出现的电子会员卡将更受消费者的认可和欢迎，如图 4-4 所示。

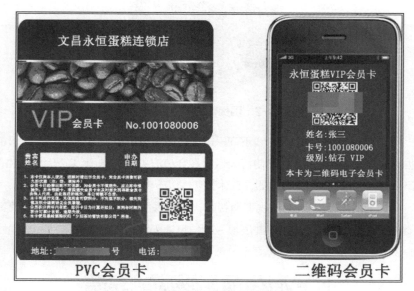

◆ 图 4-4　电子会员卡

而通过移动支付形成的电子会员卡更是显得便捷，消费者只要在消费支付时采取移动支付的方式，就能很轻松地完成会员的注册登记。

面对支付这一消费的刚需元素，可以在发展会员方面提供更多优势，其中一个重要的表现就是可以更多地顾及消费者的自身需求，使其在会员的准入方面处于主动，从而缓解消费者的抵触心理。

另外，消费者通过移动支付场景实现会员登记，对商家而言，可以通过与支付打通的客户关系管理系统获取会员，这将对商家的运营和管理等产生重大的作用，具体如下。

（1）简约流程。

（2）节省人力。

（3）降低成本。

在餐饮 O2O 模式应用中，移动支付的会员发展将以实现精准营销为目标，通过线上支付引导消费者对餐饮企业或商家的服务窗的关注，然后在庞大的用户

体系中沉淀出脱离团购平台和其他大型餐饮平台，而仅仅是属于餐饮企业或商家
自身的会员。

这将在为消费者提供更好的消费者体验的同时创新餐饮业的商业模式，为餐
饮O2O模式的生态闭环形成提供必要的条件。

4.1.2 移动支付产生餐饮大数据

在移动支付的概念范畴中，其餐饮会员发展是与大数据应用紧密结合在一起
的。餐饮企业或商家在移动支付场景中，可以通过支付平台获得消费者数据，包
括客户信息和交易数据。

在这些数据的支撑下，餐饮企业或商家可以实现会员管理效率的提升，同时
可以根据大数据信息进行理性的餐饮营销决策，进行有效的会员营销。

从大数据角度而言，在餐饮O2O模式应用中，移动支付除了是实现的核心外，
它的作用还表现在如下3个方面。

❶ 大数据产生的场景

消费者的每一笔消费都需要经过支付这一环节，因此，通过移动支付，可以
把客户信息和交易数据以电子化的形式记录下来，从而形成体量大的用户数据，
如图4-5所示。

◆ 图4-5 移动支付的大数据产生场景

可见，就大数据产生的场景而言，移动支付是其中重要而关键的一种。

更重要的是，只有这样，才能在快捷、全面地记录消费者数据的过程中快速地做出处理。餐饮企业和商家也可以根据这些最新的数据快速做出反应。

❷ 消费轨迹的记录

移动支付平台不仅能够从一个企业或商家的角度去完成消费者数据的记录，形成关于其营销情况的大数据；而且还能从消费者角度出发，对其一段时间内的餐饮消费行为和其他消费行为进行记录，从而形成消费者的完整消费轨迹，如图 4-6 所示。

（1）早餐移动支付 20 元

（2）中午火锅店支付 120 元

（3）下午咖啡厅支付 35 元

（4）晚上聚餐 AA 制支付 50 元

◆ 图 4-6　消费者一天的餐饮移动支付消费轨迹

图 4-6 中的这些消费行为，当消费者选择移动支付时，所有的信息都可完整地记录下来，从而有利于餐饮商家或企业对消费者进行全面的消费行为了解，在此基础上的消费数据分析，将是更加准确的。

❸ 精准营销实现的依据

基于上述两个方面——餐饮商家的消费者行为数据和消费者个人完整的消费数据，都是精准营销实现的基础和依据。在移动支付平台获得授权许可的情况下，餐饮企业或商家可以从平台的数据库中获取相关数据。

这将有益于精准营销的实现，同时还可以降低餐饮企业或商家的运营成本，解决困扰餐饮行业发展的难题，从而推进餐饮 O2O 的发展，创造互联网 + 时代的餐饮行业的商业新模式和新价值。

4.1.3　移动支付是重要营销渠道

在餐饮行业的发展过程中，随着与互联网和移动互联网融合的加深，其营销和推广渠道也随之呈现出了多样化的特征。特别是在餐饮 O2O 模式的推广应用中，这些不同类别的渠道在各自的链条上形成营销闭环，支撑着餐饮行业的发展。

然而，在渠道的应用中，应该考虑其发展的周期性和优势问题，在坚持不拒绝任何一类渠道也不依赖某一单一渠道的原则下发展适合餐饮企业或商家自身的营销渠道体系。

另外，既然渠道有其发展的周期性，那么，就有必要了解餐饮企业或商家在现阶段所有的营销渠道的意义，然后运行选择和加以策略引导。

图 4-7 所示的团购这一促销渠道在策略选择方面最好限时限量，以此激发消费者的购买欲望。

◆ 图 4-7　团购渠道的"抢购"策略

又如餐饮的外卖渠道，如图 4-8 所示。从本质上来说，它属于产品延伸渠道的范畴，是在一定条件下餐饮业务和服务的对外扩展。

◆ 图 4-8　外卖渠道的服务延伸

因此，一家餐厅当其在保证品质和能够支撑外卖服务条件的情况下，应该尽可能地在外卖渠道上进行营销扩展，这样不仅可以扩大餐饮企业或商家的销量，还能增加其曝光度，形成良好的口碑。

移动支付与团购和外卖渠道完全不同，它是从餐饮 O2O 模式资金流角度来说的。建立在会员沉淀和大数据分析目标上的移动支付渠道，可以在移动互联网环境下完成餐饮企业或商家与消费者的连接和互动，从而增加他们之间的关系黏度，在精准营销的策略指导下，在稳定的会员客户消费人流支撑下，打通营销闭环，实现餐饮 O2O 线上线下的营销畅通。

4.2　主流平台，支撑移动支付

在餐饮 O2O 模式的应用中，移动支付作为其主要的支付工具，凭借各主流平台进行餐饮交易的支付行为，如图 4-9 所示。

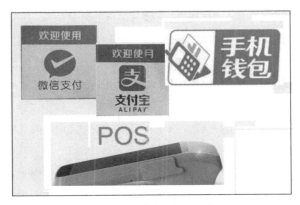

◆ 图4-9　移动支付主流平台

4.2.1　微信支付

微信支付作为移动支付的主流平台，是集成在腾讯的知名社交软件——微信客户端的支付平台，它能在绑定用户银行卡的基础上，在用户选定商品或服务后实现安全、便捷的交易支付。

在微信支付平台上，用户可以在多种场景使用支付功能，具体内容如下。

（1）刷卡支付。微信支付平台上的刷卡支付其实就是绑定银行卡的线上支付行为，如图4-10所示。

◆ 图4-10　微信刷卡支付

这种支付方式的应用，用户只需在微信平台上将其与银行卡绑定，在完成身份的认证后即可使用。且用户在支付时只要输入密码就可以完成支付，而不需要进行其他烦琐的操作，可以说，它是一种极其简便、快捷的支付方式。

（2）扫码支付。这种支付方式可分为两类，即线下扫码支付和线上扫码支付。

线下扫码支付，即用户通过扫描企业或商家的静态身份二维码，然后在生成的微信支付界面完成支付的方式，这是在目前的餐饮O2O模式中应用得比较广泛的一种支付方式。

线上扫码支付，即用户利用智能手机扫描线上二维码，然后在生成的微信支付界面完成支付的方式，如图4-11所示。这种方式也可在实体店内进行，此时，用户扫描的是企业或商家的网上二维码。

◆ 图4-11　线上扫码支付

（3）微信公众号支付。这种支付方式是使用关联用户对企业或商家的微信的关注，用户在这一关注过程中在其界面上完成产品或服务的交易支付。

（4）APP支付。这种支付方式是用户在手机APP应用中对众多支付方式的一种方式选择。用户在APP界面上选择微信支付功能，然后在跳转的微信支付界面完成支付。

微信支付在众多的支付方式之外还提供了微信红包、代金券等可以用于支付的功能，这些功能是基于企业营销而出现的，可以在不同场景完成用户的交易支付流程。

4.2.2　手机支付宝

对于相较于微信更偏重于社交平台的移动支付而言，手机支付宝则是一种偏重于营销的支付平台，它是企业或商家获取客户信息的重要工具和渠道。

手机支付宝作为一种领先的支付解决方案，可以帮助消费者实现多种移动支付功能，具体如下。

（1）安全购物。手机支付宝这一主流平台有着业界领先的加密技术和安全保障，消费者在这一支付平台上可以放心地购物付款，而不用担心资金安全问题。

（2）合作支付。基于支付宝与众多银行合作的平台发展状况，它可以在最大限度上满足消费者的需求。这种需求的解决方式是多样化的，既可以向银行方面申请解决，也可以向好友求助，要求代付，从而缓解消费者购物或其他方面的支付压力。

（3）生活缴费。人们在生活中总会遇到各种需要支付的情况，如水电缴费、手机充值等服务，如图 4-12 所示。

◆ 图 4-12　手机支付宝生活缴费

而利用手机支付宝可以快速完成支付，在不影响正常生活的同时又方便快捷。

（4）线上转账。通过手机支付宝进行线上转账，既可以节省排队时间，方便快捷，还可以实现零手续费进行跨行转账，因此，手机支付宝转账是一种非常适用的转账方式。

（5）账户管理。在手机支付宝平台上，用户可以实现对多个银行账户的统一、有效管理。

（6）消费动态掌握。随着互联网和移动互联网购物频率的增加和强大的加大，越来越多的用户在繁多的信息包围中忘记了具体的消费交易行为，而手机支付宝的出现恰好解决了这一难题，它能够每月自动生成对账单，使得消费者对自己的消费动态非常清楚，最终促成合理的理财计划的实现。

4.2.3 手机钱包

所谓"手机钱包"，从广义上来说，是在手机上开发的移动支付系列应用，因此，我国的三大运营商——中国移动、中国联通和中国电信都有着它自身的移动支付产品，如图 4-13 所示。

（1）

（2）

（3）

◆ 图 4-13　我国电信运营商的手机钱包业务

从狭义上来说，是指中国移动和包业务（原名"手机钱包"）。这一业务由我国的电信运营商——中国移动提供，是一项居于前列的移动支付业务。

下面以中国移动和包为例，具体介绍手机钱包这一支付平台。

在手机钱包平台上，用户一开通该业务，即可实现方便快捷的线上支付，享受全新的支付体验。

另外，在该业务的延伸领域内，假若用户持有 NFC 手机和 NFC-SIM 卡，就可以实现中国移动和包的刷卡功能。在此，刷卡的应用范围包括银行卡等金融业务和公交卡、会员卡等生活与消费业务，利用这一功能，可以实现全新的线下支付体验。图 4-14 所示为手机和包的公交卡刷卡支付。

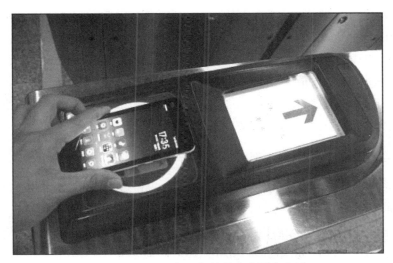

◆ 图 4-14　手机和包的公交卡刷卡支付

我国移动支付的和包业务经过近几年来的发展，其业务涉及的行业范围已经相当广泛，且这种支付方式与人们经常携带的手机相连，业务办理渠道多样，因而获得了广泛的应用，具体如下。

（1）行业范围。涵盖银联、金融、公交、餐饮、旅游等多行业领域。

（2）合作银行。与国内 100 多家全国及地方性银行建立了合作关系。

（3）合作商家。接入了全国范围内的上万家线上、线下各行业商户。

（4）服务缴费。覆盖我国近千种的社会公共事业范围内的服务缴费。

有着如此广泛应用的和包业务在发展的过程中形成了具有其自身特色的支付产品，具体内容如表 4-1 所示。

表 4-1　移动支付产品——"和包"的业务特色

业务特色	具体表现
业务全面涉及线上线下	无论手机支付，还是现场商户"刷"机消费，这些线上线下的消费支付，"和包"产品都可以帮助消费者轻松解决
移动支付场景丰富多样	在众多支付场景中，如手机充值、生活缴费、优惠购物等，"和包"产品都可以使用户享受到业务功能费全免的支付服务
业务开通简单快捷	（1）通过中国移动支付官网下载"和包"客户端来开通支付业务； （2）通过编辑短信"KT"发送到"10658888"的方式开通和包支付业务； （3）假如用户对网上开通业务不熟悉，还可以到实体的移动营业厅开通该业务

　　移动支付和包业务的应用与我们的生活有着很大的关系，不仅利用现有的业务功能来帮助用户解决生活支付问题，而且还注重进行业务的开发和拓展，如"和·家庭"就是其中之一。

　　在该智慧家庭解决方案中，用户通过家庭范围内的有线和无线宽带网络，在家庭这一小集体的开放平台上，可以享受到涉及家庭生活各个方面的综合应用服务。这是一种综合了家庭电视、电脑、手机等与网络相关的设备而实现多屏互动的业务方案，是支付平台向家庭网络系统的延伸。

4.2.4　终端 POS 机

　　终端 POS 机，是指以手机为主的移动终端的 POS 机支付平台，属于越来越重要的工具。

　　随着移动互联网的发展和智能手机的普遍应用，终端 POS 机以其绝对优势逐渐取代传统 POS 机，成为重要的移动支付平台，如图 4-15 所示。

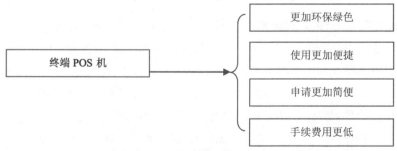

◆ 图 4-15　终端 POS 机的移动支付优势

　　基于图 4-15 中所提及的优势，终端 POS 机在社会发展的时代大潮下获得了广泛的用户认可。

特别是以拉卡拉手机刷卡器和拉卡拉手机收款宝为代表的拉卡拉移动支付业务在终端 POS 机支付平台上占据着重要地位。

在此以拉卡拉手机收款宝为例，具体介绍终端 POS 机的移动支付业务的完成。

❶ 设备构成

拉卡拉手机收款宝是一种通过链接智能手机来实现移动支付的终端，而对于商家而言，它又能支持小额收款的功能，如图 4-16 所示。

◆ 图 4-16　移动支付的拉卡拉手机收款宝

拉卡拉手机收款宝由两部分组成，具体分为软件部分和硬件部分。其软件部分是指与智能手机相连的、专用的接入客户端，它主要负责收款宝的各项功能的选择和指令操作，如图 4-17 所示。

◆ 图 4-17　拉卡拉手机收款宝的软件部分

这一移动支付产品的硬件部分根据其功能的需要，也主要包括两个部分，即外接刷卡的卡槽和输入密码的密码键盘，如图 4-18 所示。

◆ 图 4-18　拉卡拉手机收款宝的硬件部分

❷ 客户端功能

关于拉卡拉手机收款宝的客户端开通和功能，如图 4-19 所示。

◆ 图 4-19　拉卡拉手机收款宝客户端功能

图 4-19 中的拉卡拉手机收款宝客户端功能的具体内容如下。

（1）业务开通。通过智能手机客户端，用户可以实现"随时开通，随时使用"的业务应用。

（2）收款与支付。用户通过下载手机客户端，在智能手机和平板电脑等设备上连接进入，在出现的界面上选择和完成收款与支付。

（3）取消交易。当用户在支付后又后悔进行交易的时候，通过拉卡拉手机收款宝可以轻松取消交易。

（4）查询交易。通过登录拉卡拉手机收款宝客户端，可以对用户的交易记录进行查询，帮助客户了解其交易历史。

（5）查询余额。在拉卡拉手机收款宝客户端不仅可以查询交易记录，还能查询账户余额，帮助用户了解其账户信息。

（6）快速计算。这一移动支付客户端，除了具有交易方面的功能外，还能充当交易过程中的计算器，实现一机多用。

❸ 产品特点

在终端 POS 机这一移动支付平台上，拉卡拉手机收款系列产品具有 3 个方面的特征，具体如下。

（1）体积轻巧。拉卡拉手机收款系列产品只有名片盒大小，因此它在改变了 POS 机形态的同时也方便了用户携带。

（2）移动支付。它突破了地域的限制，可以在全国范围内实现收款、支付功能应用。

（3）蓝牙接入。它还摆脱了数据线的束缚，通过蓝牙即可接入智能手机，完成收款、缴费和支付服务。

4.3 重点内容，发展移动支付

移动支付的应用随着移动互联网和第三方支付的发展及智能手机的普遍应用而呈现出了兴盛的发展态势，在此种情形下，想要保持移动支付的稳定向上发展，就需要注意 3 个方面的问题，具体如下。

4.3.1 服务创新

在社会经济高速发展的情形下，人们在物质需求逐渐得到满足的同时，越来越追求生活的舒适和方便，这是新的时代环境下人们在消费领域（如吃、穿、住、行等方面）的体验要求。

而且，随着智能手机应用的普及，这一通信设备的应用开发也向更多方面发展，它从消费者角度出发，使得更多的与生活相关的行为都可以通过智能手机来实现。

基于此，支付领域的移动化发展也就日益明显，并在其支付特性——随时、随地、随心和随身的影响下，改变着人们的生活，如图 4-20 所示。

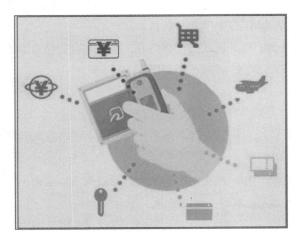

（1）生活中的各移动支付应用

（2）金融机构的移动支付实现

◆ **图 4-20　生活的移动支付服务**

从服务创新方面来说，在整合了各领域资源和打通了各链接渠道的基础上，移动支付的发展将会获得进一步发展，具体表现如下。

（1）商家角度。移动支付交易的范围拓展和数量加大。

（2）用户角度。增强他们的一体化移动支付消费体验。

在此，主要从用户角度进行简单介绍。于用户而言，移动支付可拓展的业务主要包括两个方面的内容，一是商务生活中的信息类资讯服务，如消费信息、积分信息和消费导航等；二是生活中的各类增值服务，如密码认证、第三方储蓄和账单查询等，如图 4-21 所示。

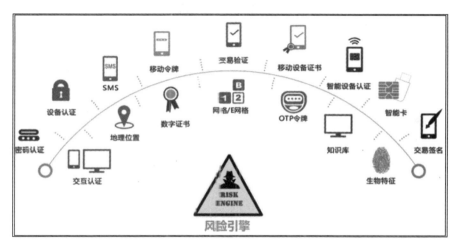

◆ 图 4-21　移动支付的风险引擎与密码认证增值服务

4.3.2　安全优势

服务创新、安全优势和模式发展等内容组成的良好的移动支付生存环境是发展移动支付的首要环节。本节将从移动支付的安全优势角度进行重点介绍。

从这一方面来说，需要从技术手段、市场准入和用户使用等方面着手，切实保障移动支付的环境安全。

❶ 技术手段

随着智能手机的普遍应用和技术的发展，各种保障用户信息的技术也逐渐得到发展，如密码和验证码的双重身份验证、内置的指纹传感器、锁屏密码及完善的访问权限设置，如图 4-22 所示。

◆ 图 4-22　移动支付的指纹验证

❷ 市场准入

在监管层面的市场准入方面，需要制定更加完善的相关法律法规来保障移动支付的安全应用。如目前我国已经制定的《非金融机构支付服务管理办法》就对支付业务的许可监督进行了规定，如图 4-23 所示。

❸ 用户应用

用户在需要用到移动支付的场合需要谨慎对待，必须在保证支付环境安全的情况下再进行支付，这是确保移动支付安全的最有效的方法和措施。从这一方面来说，应注意 4 个方面的问题，具体如下。

（1）支付应用方面。应该使用来自于官方的应用商店进行支付应用的下载和安装，这是因为非官方应用商店的支付应用可能存在偷窃用户信息的恶意程序。

（2）支付绑定方面。消费者在使用移动支付进行交易时，应该在条件许可的情形下尽可能地在支付应用上绑定信息卡，因为根据银行的补偿条例来看，绑定信用卡的支付应用在遇到不明损失时可以获得一定的金额补偿。

（3）网络连接方面。目前餐饮行业为了提升用户体验，很多餐厅提供了免费的 Wi-Fi 服务，在这些场合，消费者一般不应进行移动支付，因为这些场合的无线网络的安全性并不能得到确切保障，容易被黑客盗取消费者的账号、密码等支付信息。

（4）转账确认方面。消费者在进行支付时，首先应确认对方身份和信息，在无误后才能继续进行转账。

（1）

（2）

◆ 图 4-23　移动支付的市场准入

4.3.3　模式发展

在餐饮 O2O 模式的应用中，移动支付是一个关联着餐饮企业或商家、电信运营企业和金融企业等多领域合作的应用模式，如图 4-24 所示。

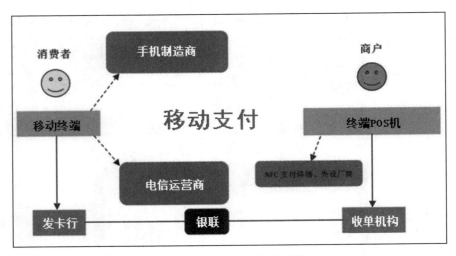

◆ 图 4-24　移动支付的关系模式

在它们的优势发挥和深层次合作下，移动支付的应用在商业领域取得了巨大发展，形成了多种商业模式，具体如下。

❶ 运营商独立运营模式

这是移动支付中关系链最简单的商业模式，即电信运营商是产业链中的唯一业务提供者，如图 4-25 所示。

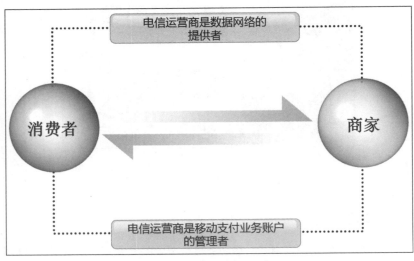

◆ 图 4-25　移动支付的运营商独立运营模式关系链

在图 4-25 中的关系链中，电信运营商既是数据网络的提供者，也是移动支付业务账户的管理者，并在其收益中，通过商家的交易服务费用和消费者的通信费用的获取，最终形成了消费者、运营商和商家这三者构成的商业模式。

这一商业模式的发展主要有三个方向，一是移动支付额度的提升和支付安全保障；二是通信业务外的移动支付业务的拓展；三是缩短资费账单结算的周期，以便商家的资金周转。

❷ 以银行为主导的模式

这是一种基于传统支付业务的商业模式，是在传统支付业务上的延伸。在这一商业模式中，银行等金融机构处于主导地位，而运营商只是充当了一个通信网络传输主体的角色。图 4-26 所示为以银行为主导的移动支付商业模式的关系链。

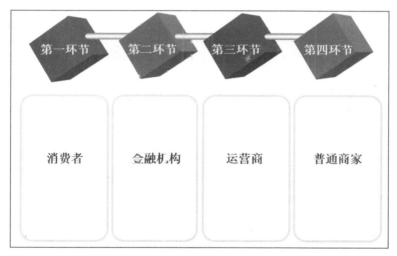

◆ 图 4-26 移动支付的以银行为主导模式的关系链

这是一种能在安全性方面给予用户更多保障的商业模式，但是它也存在着需要进一步改进和发展的问题，那就是应该推动不同银行间的业务互动互通性发展，从而减少用户的移动支付业务的成本。

❸ 运营商与银行合作的模式

在这种移动支付商业模式中，在运营商和银行之间，处于主导地位的是运营商。与运营商独立运营模式不同的是，在此，电信运营商只是数据网络的提供者，

与其合作的银行等金融机构是移动支付业务账户的管理者。图 4-27 所示为运营商与银行合作的移动支付商业模式的关系链。

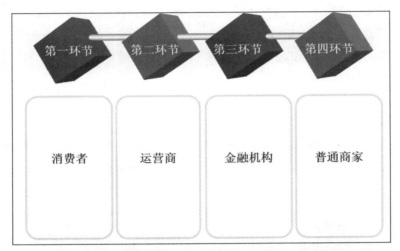

第一环节　第二环节　第三环节　第四环节

消费者　　运营商　　金融机构　　普通商家

◆ 图 4-27　运营商与银行合作的移动支付商业模式的关系链

运营商与银行合作的移动支付商业模式综合了运营商独立运营模式和以银行为主导的模式的优势，使得安全性大大加强和额度限制大大减少，同时结算周期也实现了缩短。

这一模式的发展，一方面，是在上述占据优势的方面进一步发展；另一方面，应该加强运营商与银行的合作程度，为移动支付的发展积极提供条件，这一方面也是优势方面发展的前提，因此，有必要予以重视。

❹ 第三方运营模式

第三方运营模式是一种独立于银行和电信运营商的移动支付商业模式。它是利用与电信运营商相关的通信网络资源和与银行相关的各种支付卡来实现移动支付的，并在获得身份确认和支付确认的情形下完成移动支付交易。图 4-28 所示为第三方运营的移动支付商业模式的关系链。

这一商业模式在优势方面的表现主要为第三方支付平台的利用，它可以为用户提供跨银行和运营商的移动支付服务。但是，它在发展方面仍存在掣肘因素，那就是用户基础的建立，因此，一般的第三方运营商都需要具有用户基础的运营商或银行类的背景，只有这样，才能实现移动支付业务的推广和发展。

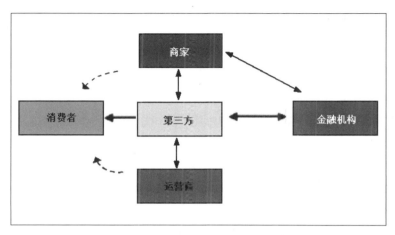

◆ 图 4-28　移动支付的第三方运营模式的关系链

4.4 模式应用，接入移动支付

在餐饮 O2O 模式中，移动支付是一个非常重要的 O2O 闭环实现因素，也是这一模式的 3 大闭环（具体内容见 1.2.2）中的重要一环，其 O2O 支付闭环的具体内容和组成要素如图 4-29 所示。

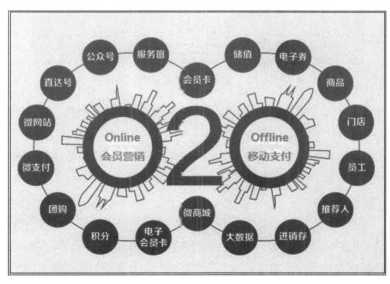

◆ 图 4-29　O2O 支付闭环的组成元素和内容图示

在餐饮行业，图4-29中的元素支撑着O2O模式的现实应用，下面举例进行说明。

4.4.1 麦当劳接入微信支付

餐饮行业的支付交易引入了多种方式，其中，微信支付是一种使用非常便捷并注入了个性化、社交化特征的支付方式。基于此，麦当劳接入了微信支付这一方式为消费者提供支付服务。

消费者使用微信支付时，只要拿出手机，利用微信平台上的钱包界面的刷卡功能即可完成支付。在这一方式下，消费者无须花费太多时间在排队埋单上，轻轻松松即可完成。

另外，在麦当劳使用微信支付，可在消费过程中获得相关优惠，如图4-30所示，这是推动餐饮O2O模式的微信支付应用的重要因素。

◆ 图4-30　麦当劳的微信支付优惠服务

基于微信的社交实质，麦当劳接入微信支付这一方式具有两个方面的作用，具体内容如下。

（1）用户体验方面。在微信强大的社交关系链上，麦当劳提供了更加便利和互动的支付体验，从而使得消费者和餐厅的联系更加紧密，实现了"离消费者再近一点"的体验目标。

（2）营销体系方面。在微信平台上，麦当劳利用优惠信息打通了微信公众号和实体店的线上线下互联，并基于其独特的连接方式——摇一摇、扫一扫等，在线下建立起立体的营销体系，为大数据分析和运营提供数据基础，进一步为实现精准营销提供条件。

4.4.2 肯德基与支付宝合作

在移动支付方面，肯德基门店首先接入的是支付宝支付，并且已经进驻支付宝服务窗，如图 4-31 所示。

◆ 图 4-31 肯德基入驻支付宝服务窗

可以说，肯德基与支付宝合作的达成是顺应移动支付发展的时代趋势的。在支付宝的服务窗界面中，可以充分实现餐饮 O2O 模式的应用，为消费者提供线上线下的联动服务，具体内容如下。

（1）预订门店外卖。

（2）线上自助点餐。

（3）线下到店消费。

（4）享受专属优惠。

在这一连串的消费行为过程中，消费者可以出示支付宝钱包付款码，在线下门店扫码即可完成支付，实现快速、方便的支付。

这种支付方式，既不需要消费者准备现金，又不需要店员找零钱，提高了服务人员的工作效率，实现了餐饮 O2O 模式应用下移动支付领域消费者和肯德基门店的效率及利益双赢。

4.4.3 海底捞实现微信支付

海底捞作为我国的连锁餐饮品牌，在移动支付的应用上走在了前列，其旗下

近百家门店全部接入微信支付，开启了海底捞移动支付方式应用的开端，为其移动支付解决方案的完善添上了浓墨重彩的一笔。

在此，重点介绍有关海底捞微信支付的流程，具体步骤如下。

步骤 01 消费者结算时，海底捞门店服务员在点餐 PAD 或者收银台生成二维码，如图 4-32 所示。

◆ 图 4-32　海底捞微信支付的二维码生成

步骤 02 消费者利用微信"扫一扫"功能，扫描二维码，然后在手机里输入微信支付密码，即可完成付款，并显示交易详情，如图 4-33 所示。

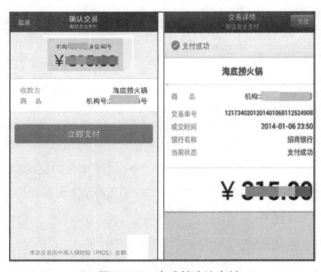

◆ 图 4-33　完成并确认支付

在餐饮 O2O 模式的整体应用中，海底捞的微信支付方式实践了移动支付的最根本理念——替代银行卡和现金，并在营销上实现了线上向线下的渗透与引流，最终完成餐饮 O2O 的闭环和商务电子化的发展。

且随着本地化生活服务、社交平台应用和移动设备入口级应用的餐饮服务模式的逐渐成熟，未来餐饮行业的发展方向在 O2O 模式应用的导向作用下，将向着理想的模式和方向发展。

核心价值，餐饮深入移动互联网

在移动互联网环境下，餐饮行业获得了巨大发展，实现了与移动互联网价值的深度融合与应用，这也是餐饮O2O的核心价值实现的关键所在。本章从自主开发APP、社交账号和线下信息电子化3个方面来重点介绍移动互联网对餐饮O2O的影响。

5.1 APP 开发，自主接入餐饮 O2O

在餐饮行业内，其 APP 的开发与应用从其实质意义上来说，是一种深入移动互联网的餐饮探索和发展，即餐饮 APP 是在利用移动互联网技术和硬件设备——各种移动终端的基础上，以提高餐饮企业的效率和效益的本地化生活服务应用。

而对于餐饮 O2O 这一更多的是基于移动互联网发展而产生的运营模式而言，餐饮 APP 的开发和应用是实现这一模式的工具。基于众多的餐饮 APP 平台，O2O 模式最终实现了线上与线下的资源和运营的准确对接。

餐饮 APP 在 O2O 模式应用中可以向用户提供多种服务和功能，如图 5-1 所示。

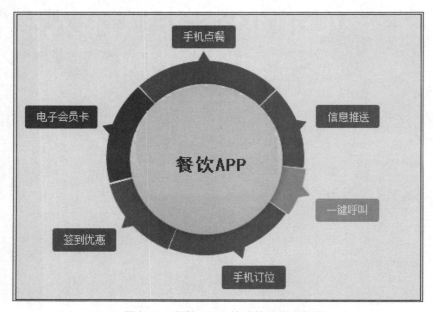

◆ 图 5-1　餐饮 APP 的功能和服务提供

这些服务和功能既可以通过一种 APP 来实现，也可以通过多种 APP 来分类实现，本节将从其服务的实现出发，就这一问题进行具体的介绍和分析。

5.1.1　建立餐厅会员系统

在餐饮 APP 的开发中，餐厅会员系统的建立是必须要考虑的问题。因为，移动互联网平台上会员管理系统的缺失，存在着多方面的弊端，具体如下。

（1）不利于会员积分和奖励活动的进行与实现。

（2）不利于品牌连锁餐厅的统一广场管理实现。

（3）不利于会员及时获取优惠信息和进行宣传。

（4）不利于实现对会员的了解和个性化的营销。

而通过餐饮APP的会员管理系统，可以在线上和线下实现信息和资源整合后的会员有效管理，这是单方面的线下会员管理和营销宣传无法实现的。

在各种餐饮APP中，一般都会有"会员招募"的界面选择，如图5-2所示，然后可以按照其指示申请加入和注册会员。

◆ 图 5-2　会员招募界面

在餐厅会员系统的有效管理下，餐饮企业或商家不仅可以综合了解会员的基本信息、消费习惯等，而且还可以准确地获取他们的各种消费期望，如个性化期望、速度期望、赠品期望、便利期望等方面的信息，最终实现差异化、个性化的精准营销。

另外，在APP会员系统管理界面上，消费者还能随时、随地、随心地获取各种会员优惠信息和奖励活动信息，如图5-3所示。

此时，会员系统管理在帮助消费者及时获取信息和帮助餐厅更好地传播信息的同时，又促进了餐饮企业或商家的营销和提升了企业形象。

◆ 图 5-3　会员优惠信息及时获取

5.1.2　电子菜单

在餐饮 O2O 模式应用中，信息化的发展趋势是一个重要的表现，而在信息化的过程中，自主开发的 APP 中的电子菜单的出现是提供后续的预订、点餐、外卖等一系列服务的前提，因为，消费者只有在通过移动互联网查看了电子菜单的详情后才能继续接下来的消费行为。

更重要的是，在电子菜单上，一般都会对各种菜品进行分类，并在分类的下拉列表中，在相应的菜品名和菜品展示图旁明确标注菜品价格和其他相关信息，如图 5-4 所示。

◆ 图 5-4　电子菜单

　　图5-4中包含菜品基本信息的电子菜单可以让消费者在交易时清楚明白地了解相关菜品信息，从而有利于消费者更好地选择菜品和服务。

　　而在线下实体店中，消费者可以通过餐饮企业或商家推出的电子点菜系统，在其中的电子菜单上，消费者可以查看菜品成分、价格、分量等详细信息和点菜情况，如图5-5所示。

（1　菜品信息）

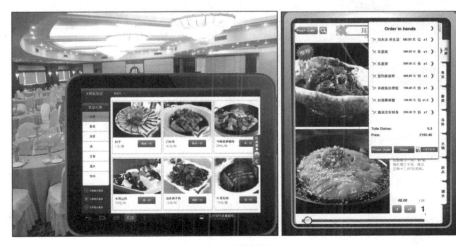

（2）下单情况

◆ **图5-5　线下门店的电子菜单**

　　基于图5-5中的电子菜单，菜单的透明度得到了很大提升，避免了餐厅暗箱操作的发生，既可以让消费者放心，又可以提升餐饮的诚信度。只有这样，才能吸引更多的消费者，从而提升餐饮企业或商家的效益，并在电子点菜系统的其他应用的配合下，如厨房管理、库存管理和结算等，实现餐饮企业或商家完善的信息化管理，推进餐饮企业或商家高效、有序的发展。

5.1.3　电子优惠券

随着移动互联网的发展和各类 APP 的开发，餐饮行业为了获取竞争优势和实现引流，许多企业或商家在 APP 上发行电子打折券和电子代金券等一系列的电子优惠券，如图 5-6 所示。

◆ 图 5-6　电子优惠券

电子优惠券作为一种深入移动互联网的餐饮服务概念，有着它自身的特点，具体内容如下。

（1）成本投入方面。制作、传播和使用的投入较低。

（2）营销传播方面。传播效果方面可实现精准量化。

（3）营销实现方面。流程简单、效率快速和可追踪。

尽管电子优惠券具有上述诸多优势，但是餐饮行业这种以让利形式进行的营销促进只能在短时间内有效，而不能对餐饮企业或商家的长期发展产生巨大的影响，因此，餐饮企业或商家在发布电子优惠券时，应该利用这一引流形式在提升形象和形成良好口碑方面下功夫，只有这样，才能不负发布电子优惠券的初衷。

更重要的是，在发布电子优惠券的过程中，还有 4 个需要注意的问题和坚持的原则，具体内容如下。

（1）适度原则。电子优惠券的发布必须在以增加消费为目的的情况下坚持适度原则，也就是说，电子优惠券的让利幅度必须影响面足够大，才能吸引广大的消费者，又必须保证餐饮企业或商家的总体销售利益，不能"为了优惠而优惠"，在打折方面不可让利过分，否则就得不偿失了。

（2）暂时性原则。在移动互联网上看到的电子优惠券的使用和消费一般是有一个时间期限的，而不是永久性的，如图 5-7 所示。

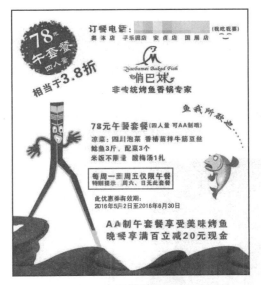

◆ 图 5-7　电子优惠券的有效期限

这一点在餐饮企业或商家发布优惠券的时候就应该让消费者有明确的认识，而不能让消费者将短期内的优惠当成以后消费时的标准。其实这种情况在生活中比较常见，特别是小型餐厅，消费者与经营者之间一般比较熟悉，消费者一句"以往都是××价格卖给我的"，觉得这一优惠价格是理所当然的，往往让经营者无语。

这样的情形会影响餐饮企业或商家的正常销售，不能达到电子优惠券促销的真正目的。

（3）真实性原则。只有真实才能让消费者产生信任，在电子优惠券的使用上更是如此。餐饮企业或商家在营销过程中不能以任何理由推拒消费者所持有的正当的、合理的优惠券的使用。否则，将在影响企业或商家形象的同时还会导致消费者的大量流失。

（4）最低原则。电子优惠券所能给予消费者的优惠应该建立在店家和消费者的促销底线基础上，应该是最低的折扣，而不能是一般的折扣，这样才能最大限度地激发消费者的购买欲望，否则，在损失店家利益的同时又不能达到通过优惠来吸引消费者的营销目的。

5.1.4　社交互联

纵观移动互联网环境下的社会发展，可以说，社交网络的浪潮几乎对每个行业都产生了重大的影响，攸关人们生活的餐饮行业更是如此。

在连接广泛的社交网络中，餐饮业获得了更大的利用和发展空间，随之而来的是，更多的餐饮企业或商家入驻移动社交网络，它们在其中广泛的关系生态链中积极创造发展先机，获取竞争优势。

面对这一形势，在移动互联网环境下，餐饮社交类 APP 也在不断地进行开发和应用，如图 5-8 所示。其中，餐饮咖是切入餐饮行业的典型社交 APP。

◆ 图 5-8　餐饮社交 APP

餐饮咖这一款行业社交媒体 APP，从 2016 年 5 月上线伊始，就以新媒体和社交作为流量入口，以整合行业内的上下游资源为目标，积极为解决餐饮行业的人、信息和服务 3 个关键问题提供可行性方案，如图 5-9 所示。

◆ 图 5-9　餐饮咖

（1）"人"的问题。在餐饮咖平台上，用户进行社交时建议采用实名制，从而可以使得用户在相互信任的基础上根据餐饮企业或商家自身的需要构建人际关系生态链，拓展行业关系网。

（2）"信息"问题。餐饮咖 APP 在了解用户的具体情况的基础上为其提供差异化、智能化和最感兴趣的信息。

（3）"服务"问题。餐饮咖 APP 通过资源的整合，在餐饮 O2O 的线上线下闭环系统中，为餐饮创业企业或商家提供一站式专业服务，具体包括从店家选址到餐饮营销与管理的全过程。

对于餐饮行业的发展而言，随着餐饮企业更多的涌入，在其社交 APP 平台上，想要获得发展，还存在着诸多的问题，这是由餐饮社交 APP 的应用现状决定的，具体表现在 3 个方面，内容如下。

（1）餐饮社交 APP 与团购的关系方面。餐饮社交 APP 为了确保与团购的服务差异化，它们在选择合作方时主要面向的是高档餐厅和酒店，在目标客户的选择上也主要是针对高端人群，因此，它们在价格和服务质量上更注重后者，使其失去了价格上的优惠竞争优势。

相较于团购这一具有社交性能的餐饮平台，餐饮社交 APP 在实际情况中与团购平台上所提供的商家服务并没有什么太大的区别，因此，在聚餐方式的选择上，人们更乐意选择团购这一明显更具优势的方式。

（2）用户方面。在社交网络中，用户无非是两种，一是陌生人之间的社交，

一是熟人之间的社交。

在陌生人社交上，包括餐饮业在内的社会行业，关于陌生人之间的信任问题在线上系统中是很难得到解决的，因此，餐饮社交 APP 对于陌生人来说，其所产生的价值并不大。

在熟人社交上，用户与用户之间已经是非常了解了，因此在聚餐时一般有其固定的模式，其中关键的是餐厅信息的获取，而这通过很多的餐饮 APP 应用都可以实现，而没必要特意去选择社交类的 APP，并且，在社交类的 APP 上，关于用户资源方面的信息资源，相较于全功能的 APP 而言，还是不能相提并论的。

另外，餐饮社交 APP 的目标客户一般是针对高端用户，而他们之间的聚餐一般都是比较正式的，但是 APP 平台上的邀约却是与其正式化的要求相悖的。

（3）发展前景方面。在专业的餐饮社交 APP 面前，目前已经获得发展的众多有巨头参与或合作的餐饮平台，无论是在商家资源还是用户信息方面都具备非常大的优势，是其无法比拟的。

因此，在巨头的餐饮行业参与下，餐饮社交类专业 APP 的发展前景令人担忧。因为，在既无用户，又无资源的情况下，餐饮社交类专业 APP 贸然扩展应用，有如无源之水，无本之木。

5.1.5　在线交易

对于餐饮 APP 而言，其与传统餐饮行业的最大不同就在于线上交易的出现和拓展。这一餐饮模式的产生，一方面，可以实现线上到线下的引流；另一方面，还能缓解餐厅（特别是中端餐厅）的客容量问题。

在这些优势的支撑下，餐饮 APP 的线上交易已经成为餐饮行业的营销常态，处处都可见通过移动互联网来实现餐饮消费的现象，如图 5-10 所示。

在移动互联网的发展大势下，餐饮 APP 的在线交易呈现出了增长迅速的发展态势，特别是团购和外卖平台的在线交易，更是不可忽视。下面以在线外卖的发展为例，进行具体介绍。

在线外卖的发展，从根本上来说，是得益于团购网站的发展的。正因为团购网站在积累了大量用户资源的同时又改变和培养了消费者的用餐习惯，才使得其业务进一步延伸，在线外卖切入餐饮市场。

尽管餐饮团购与在线外卖在目标人群方面存在差异，然而基于它们在移动互联网的共同属性，以及庞大的用户资源，在线外卖依托餐饮团购平台获得了巨大发展，产生了巨大影响，具体表现如下。

◆ 图 5-10　餐饮 APP 消费

（1）解决了传统餐饮的外卖形式在渠道和服务等方面的问题。

（2）实现了餐饮交易在宣传、传番和沟通上更加具有互动性。

（3）实现了在更大范围内的餐饮行业产品或服务的业务覆盖。

（4）使得商家在降低了宣传成本的同时实现了差异化的营销。

（5）对于消费者而言，在线外卖提供了更多的交易和支付选择。

（6）最关键的是，其为传统餐饮行业转型的实现提供了途径。

　　在线外卖日益发展，已经形成了餐饮行业的规模化营销模式，由其交易规模的发展就可见一斑，如图 5-11 所示。

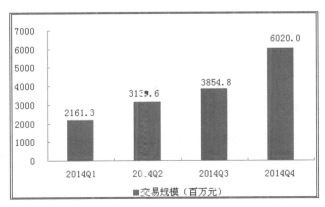

◆ 图 5-11　我国餐饮行业 2014 年第 1 ～ 4 季度在线外卖市场交易规模

5.2 账号运营，社交关联餐饮 O2O

社交是人们社会生活中不可缺少的一项内容，其目的就在于人与人之间的信息、思想等内容的传递。基于社交的重要性和必要性，网络社交媒体应运而生，特别是随着互联网和移动互联网的发展和普遍应用，各种社交网络平台相继出现。

人们可以通过自身所拥有的社交账号来进行多种方式的交流与沟通，并随着社交领域的营销切入，人们还可以在社交平台上获得相关的生活服务，如微信和QQ 平台上的服务提供，如图 5-12 所示。

◆ 图 5-12 社交平台的生活服务提供

下面以人们常用的社交账号——新浪微博、微信和腾讯 QQ 为例，具体介绍移动互联网环境下社交账号运营的餐饮业营销。

5.2.1 新浪微博

在新浪微博这一服务类的社交网站上，用户可以基于移动互联网的接入，通过手机客户端来发布信息或传送图片，正是因为新浪微博的这一功能，才能为餐饮行业深入移动互联网提供除餐饮 APP 外的另一个入口，如图 5-13 所示。

◆ 图 5-13　新浪微博餐饮信息

下面以麻辣诱惑的新浪微博运营为例进行介绍和分析，具体内容如下。

❶ 微博店面包装

登录新浪微博账号，进入微博界面，通过搜索打开就会看到麻辣诱惑别具特色的官方微博界面上的店招，它以红、黑两色为主色调，在微博页面上展现了极致的企业特色，如图 5-14 所示。

从图 5-14 中可以看出，在麻辣诱惑的新浪官方微博页面上，人们能够看见的就是略显暗沉的黑色背景、显眼的红色标识和黑色映衬下分明的白色餐饮企业名称。

这三种区别明显、反差过大的颜色组合在一起，开始带给人的是无法适应的视觉感受，但是，当人看久了，眼睛得到适应后，就会越来越感觉到这种组合的巧妙——黑色更显神秘，红色更显热辣——把这两者搭配在一起，就形成了让人无法抵挡的辣的诱惑，与餐饮名称相得益彰。

可见，在麻辣诱惑的新浪微博的店招设计上，人们可以充分感受到其真正的餐饮风格和特色，能够在吸引新浪微博用户关注的同时又能很好地彰显企业的主题。

❷ 微博内容互动

在麻辣诱惑的官方微博界面上，一方面，麻辣诱惑店家为微博用户提供丰富的餐饮图片信息，从而吸引消费者的注意，引发互动，如图 5-15 所示。

◆ 图 5-14　麻辣诱惑微博店招

◆ 图 5-15　麻辣诱惑的新浪微博餐饮图片信息

　　另一方面，在麻辣诱惑的微博内容上，更多的是有关小编与消费者的互动沟通，它们在增加了店家与消费者的信任和情感的同时，还能通过微博口碑营销实现对餐厅产品或服务等方面的广泛传播。

　　具体来说，麻辣诱惑的互动沟通主要体现在以下两个方面。

（1）微博小编对用户转发和评论的微博汇聚，如图 5-16 所示。这是麻辣诱惑店家基于互动层面而实现的信息整合。

◆ 图 5-16　麻辣诱惑的新浪微博转发和评论汇聚

（2）用户消费时的菜品、用餐环境等方面的图片展示及用餐体验分享，如图 5-17 所示。这是消费者方面对微博互动沟通的主动接入和回应。

◆ 图 5-17　新浪微博上的消费者麻辣诱惑消费分享

❸ 微博活动覆盖

麻辣诱惑在新浪微博上除了进行店面的包装和加强与粉丝的互动外，还大力开展线上活动，积极进行营销宣传，扩大餐厅影响。其中比较典型的就是麻辣诱惑以母亲节为切入点，发起了"麻辣诱惑感恩母亲节"活动，如图5-18所示。

◆ 图5-18　麻辣诱惑在微博上的母亲节感恩餐饮活动信息

在这一活动中，麻辣诱惑在微博上推出了母亲节到店用餐的女性消费者，在积极参与线下活动的基础上即可获得一份精美礼品，并指出，消费者假如在微博中展示辣椒卡片并珍藏的，还可以在次年的母亲节获得感恩礼物。

5.2.2　微信

与微博社交账号的餐饮运营相比，微信账号的运营具有同样的成本低、回报率高的特点。因此，在微信社交平台上进行营销运营，是很多餐饮企业或商家的都乐于参与的。那么，具体应该怎样进行运营和管理才能实现更好的营销效果呢？下面以微信社交平台的公众号运营为例，就怎样运营微信社交账号这一问题进行具体分析。

就微信公众号而言，其运营方式是多种多样的，餐饮商家可根据自身情况进行具体选择或加以综合运用，如图5-19所示。

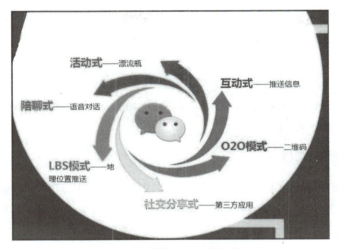

◆ 图 5-19　微信公众号的运营方式

❶ 目的明确

在进行具体的运营之前，应该对微信公众号的餐饮运营目的和作用有一个明确的了解——增加餐饮企业或商家的推广和营销商机。并从微信的基本特点——获取附近用户出发，在构建公众号和搭建免费订餐平台的基础上，积极开拓附近商家、移动商圈的微信订餐业务新方向。

❷ 技巧掌握

好的技巧往往容易达到事半功倍的效果，因此，在微信社交账号运营中也要全面掌握各种营销与推广技巧，以便更好地利用微信实现餐饮营销目的。在此，可从两个方面进行具体掌握，内容如下。

（1）内容推送方面。首先，应该选择要推送的内容，主要包括最新菜品、饮食养生、优惠折扣等方面，并在对粉丝进行精准的分类管理的基础上根据粉丝人群的不同而推送不同的信息，从而达到为消费者提供贴心服务的目的。在这样的情形下，是很容易触发消费者分享其用餐体验的，知名度和美誉度就此提升，那么，良好的口碑效应就由此打下了。

其次，应该就内容推动的时间进行选择，一般为 12：00 ～ 14：00 和 18：00 ～ 20：00，当然，不同种类的参议店家可以根据自身实际再进行仔细斟酌。

（2）增加粉丝方面。就这一方面而言，应该从线下的餐饮消费开始，通过二维码扫描接入微信公众号，在辅以会员制或享受优惠的方式运营下，可以为微信公众号增加大量精准的粉丝，从而为后续的餐厅微信运营的顺利实施提供用户基础。

在有了足够的用户基础和粉丝的情况下，需要注意的是，应该充分利用第三方微信营销平台，使用微信点单、会员积分等功能，引发二次推广，提升餐饮微信公众号的曝光度。

5.2.3　腾讯QQ

腾讯QQ作为一款在我国使用量最大、用户最多的社交软件，在餐饮深入移动互联网和餐饮O2O模式应用的大环境下，也基于其强大的用户基础而发挥出了它在餐饮方面的营销功能，使社交账号的餐饮营销运营进一步深入人心。

下面以"煎饼阿姨"的餐饮O2O模式的QQ营销为例，具体分析QQ社交账号的餐饮营销运营。

所谓"煎饼阿姨"，也就是一位利用手机QQ这一社交平台进行营销的卖煎饼的校旁小摊贩。她在手机QQ平台上建立了一个群，同学们可以在该群内留言下单，"煎饼阿姨"会根据群内的订单提前准备好煎饼，使得学生下课时可以直接交钱取走煎饼，如图5-20所示。

◆ 图5-20　"煎饼阿姨"的O2O社交营销运营

在"煎饼阿姨"的餐饮QQ社交营销运营中，她巧妙地利用了这一平台上的群管理功能，基于以下4个方面的运营关键把握，成功创新了餐饮O2O的商业模式。

❶ 消费者需求满足

煎饼这一美食，是拥有广泛的消费者基础的，特别是在北方地区，基本上已经成为不亚于馒头、面条的生活主食，且其在价格上也远比一般餐馆便宜，处于竞争的绝对优势地位。因此，煎饼阿姨所提供的餐饮产品是能够满足消费者刚性需求的，能够保证大的需求市场。

❷ 手机 QQ 低成本营销

既然拥有大的市场需求，那么，接下来要考虑的就是实现的可能性和成本问题。从这一方面来说，在移动互联网的环境下，手机 QQ 的普及应用和信息技术的发展为其提供了关键的技术和设备基础。

且基于这一形势，其所需要付出的成本无非就是日常消耗的非常少的电量和流量成本。这些相对于实体店运营和电商运营来说，几乎是可以忽略不计的。

❸ 物流服务的优势利用

在"煎饼阿姨"的餐饮营销中，她仅凭借着一部手机和一个线下的煎饼摊，如图 5-21 所示，在餐饮行业通常的就近服务和实施落地的原则下，利用其位于学校附近以便于学生自取的天然物流优势，成功地实现了餐饮 O2O 模式应用的线上线下互联的营销目的。

◆ 图 5-21　餐饮行业低成本下的就近服务实现

❹ 服务体验的方便快捷

关于餐饮行业的营销运营，排队是在传统餐饮中一个无法忽视和无法完全调和解决的问题。而餐饮 O2O 模式的推广应用，在一定程度上使得这一问题得到了缓解。

腾讯 QQ 社交账号的餐饮营销运营作为这一模式的典型应用，可以节约消费者的排队等待时间。而这恰是大多数餐饮消费者在消费过程中的"痛点"问题。"痛点"问题得以解决，那么，在保证需求市场、成本和物流优势的情况下，其营销局势值得期待。

5.3 信息电子化，线下发展餐饮 O2O

在餐饮 O2O 模式应用的营销环境中，移动互联网的应用是其中至关重要的一环，是加快传统餐饮行业转型的必要条件，而信息电子化（特别是线下信息电子化）则是在这一大环境下达到如下几个目的的关键因素。

（1）大幅度节约运营成本。

（2）全方面提高服务质量。

（3）精准的消费数据提供。

（4）方便的餐饮企业管理。

在信息电子化的概念范畴中，配合移动终端设备，使用软件提高效率和服务质量是目前线下餐饮行业发展的重中之重。下面从排队叫号、店内移动点餐和闪惠门店到付 3 个方面具体介绍餐饮行业的线下信息电子化的发展概况。

5.3.1 排队叫号

电子化的排队叫号在生活中已经有了非常广泛的应用，特别是在金融领域和医疗卫生领域，已经形成了管理和服务的必要组成系统。图 5-22 所示为排队叫号的系统构成。

而餐饮行业想要提高服务效率，应用电子化的排队叫号系统是必然的选择。在这方面取得先机的餐饮企业或商家，其能够在市场竞争中所获取的资源优势也将会随之增加。

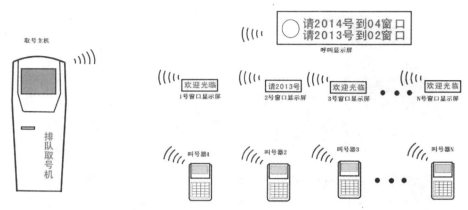

◆ 图 5-22　电子化的排队叫号系统

从这一角度而言，外婆家"开一家火一家"的发展形势和"食客喜欢排队"的服务实现就为其提供了很好的例证。

外婆家在解决排队问题上选择了"呼财宝"智能排队叫号系统，利用其电子化信息网络为消费者提供良好的排队环境和排队服务，如图 5-23 所示。

◆ 图 5-23　外婆家的智能排队叫号系统

应用"呼财宝"智能排队叫号系统，可以解决与排队等位相关的诸多消费者和餐饮企业或商家的问题，其具体流程如图 5-24 所示。

◆ 图 5-24　外婆家的排队就餐流程

一方面，可以实现多种方式的排队等号——微信远程排队和线下门店自助排队取票，这样可以很容易地解决人流大的排队等位问题。

另一方面，从消费者的角度来说，他们可以在等位的时间内自由地安排活动，而不需要担心是否会到号时不知道而错过的问题，因为，这一系统的应用可以在快到号时自动发送短信提醒消费者注意。当然，消费者也可以通过登录微信查询排队情况，了解排队进程。

更重要的是，对外婆家的运营管理也有着很大的影响。利用这一系统，可以轻松查看和打印餐厅当天的排队情况报表。其原因就在于该系统可以自动存储消费者的信息，并可以自动传送餐厅的相关菜品、服务和优惠等方面的信息给消费者，从而实现智能化的餐饮企业管理。

5.3.2　店内移动点餐

线下门店的移动点餐也是餐饮深入移动互联网和实现信息电子化的一个重要应用和表现。所谓"店内移动点餐"，主要是指利用平板电脑进行点餐的电子点餐方式，这是随着苹果公司 iPad 的出现和发布而产生的餐饮应用，经过一段时间的发展，已经被许多餐厅投入使用，"首席食客"就是一个典型的移动点餐应用，如图 5-25 所示。

◆ 图 5-25 "首席食客"移动点餐应用

　　集成了移动互联网和通信技术的店内移动点餐到底有着怎样的作用和影响呢？下面从 3 个方面就这一问题进行具体阐述。

❶ 用户体验方面

　　移动点餐方式的使用，使得月户点餐时不再是一对一服务的模式，无须过多等待就可以完成，能在便捷性和自由度等方便极大地提升用户体验。且在移动点餐系统里，还会为消费者呈现每一个菜品的食材、做法和特色等，以及对餐厅的具体环境情况（如当地的饮食、地理和人文环境等）进行介绍。

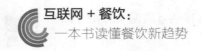
❷ 餐饮管理方面

信息电子化环境下的移动点餐应用，可以最大限度地收集和记录消费者数据，为后续的餐厅营销的精准实现提供可能的同时，还能根据具体点餐情况快速地对采购、库存等方面的餐厅情况做出反应，以便更好地实现对餐厅的管理。

❸ 餐饮成本方面

店内移动点餐在成本方面的优势主要表现在人力成本的大幅度减少上，消费者自助点餐的方式可以使得餐厅的服务人员减少 20% 而不会影响餐厅的正常运作，从而解决传统餐饮行业需要大量服务人员的问题。

在餐厅成本方面，还表现在菜单的制作费用的省却，以及食材采购和销售不均衡而造成的食材浪费的成本问题。

从上面的分析可以看出，店内移动点餐方式有着极大的应用优势，是线下信息电子化发展的结果和典型应用。

5.3.3　闪惠门店到付

在餐饮行业的发展过程中，闪惠和团购都是一种侧重于为消费者提供优惠和折扣的低价交易方式，它们共同推进了餐饮 O2O 模式的发展。

不同的是，相较于团购模式的在线低价支付而言，闪惠门店到付把其发展方向转向了实体店，提供给消费者的是线下门店的线上优惠支付模式。

在消费者看来，优惠和方便是吸引消费者的两个关键点，闪惠门店到付就是基于这两点，在提供给消费者与团购相差无几的优惠折扣上又省却了线上预付模式的诸多烦琐环节。可以说，闪惠门店到付是适应消费者消费习惯的改变的，且还能保障消费者的线下交易支付的优惠。

在餐饮 O2O 模式的推广应用中，各大平台上的各餐饮企业或商家在团购模式之外纷纷推出了闪惠门店到付的餐饮运营模式，如图 5-26 所示。

下面以大众点评网的闪惠门店到付为例，进行具体了解和分析。

大众点评的闪惠门店到付，其实是对其团购平台的升级运营，是为解决消费者在团购平台上消费的 3 个痛点场景而出现的一种到门店的线上移动支付行为，用户在线下进行扫码支付，如图 5-27 所示。

◆ 图 5-26　闪惠门店到付

◆ 图 5-27　大众点评的闪惠门店到付

❶ 消费的方便性

在闪惠门店到付的交易支付过程中，只要在线下消费后就可以在线上一键进

行优惠支付，省却了团购模式的优惠折扣支付的诸如抄代金券号码、余额支付等流程，而这些流程真正行动起来会让消费者感到特别麻烦，从而不利于餐饮营销的扩展。

而闪惠门店到付恰是从消费者的这一痛点出发，积极进行改进，使得消费者在体验到实惠的同时又真正实现了便捷消费。

❷ 维护"面子工程"

关于团购模式，人们首先想到的是低价优惠，这自然是消费者内心的消费期盼，然而这一低价优惠的消费口号却也存在着它自身的弊端，无论是对消费者还是对餐饮店家而言都是如此，那就是在个体形象方面和面子方面所产生的不利影响。

对餐饮企业或商家而言，低价团购券模式是不适用于定位中高餐饮服务的餐厅的，为营销推广而加入团购平台无疑是贬低了餐饮企业形象，而闪惠门店到付在解决了营销推广难题时又有力地维护了餐饮企业形象和保持了原本的企业定位。

对于消费者而言，"面子工程"的维护主要是指发生在特别熟悉的亲人和朋友之外的人之间。于这群人而言，个人"面子工程"的维护特别重要，于是，闪惠门店到付的优惠折扣模式成了最佳选择。

❸ 灵活的折扣选择

这一痛点主要是针对餐饮店家而言的，闪惠门店到付是餐饮企业或商家在营销过程中针对人流调节方面的痛点而选择的方式。众所周知，餐饮经营在一天中的各个时段所拥有的人流是相差很大的，因此，餐饮企业或商家希望能利用各种方式来进行调节，闪惠就是其中之一。它通过在用餐高峰期折扣少一些和闲时折扣多一些的优惠支付，很好地解决了餐饮企业或商家的人流调节痛点问题，以此促进餐饮行业的有效管理和发展。

6
CHAPTER

用户体验，满足各类用
户的需求

　　提升用户体验，需要贯穿线上线下的消费完成过程，餐饮企业
或商家只有时刻对这一问题加以重视，才能在现今的餐饮行业竞争
中获得优势。本章以用户体验为中心，介绍餐饮O2O的用户体验基
础知识、线上体验、线下体验和上门服务等内容。

6.1 餐饮 O2O 用户体验

在以客户为中心的商业时代的经济活动中，消费者个体的体验过程其实也是一个无形中积累企业竞争力和影响力的过程。餐饮行业领域的 O2O 模式中，用户体验是指消费者在消费过程中的线上、线下产品和服务体验。

6.1.1 用户体验问题剖析

提到用户体验，首先摆在用户面前的是了解任何事物都需要注意的两个问题，如图 6-1 所示。

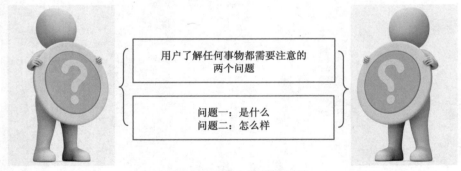

用户了解任何事物都需要注意的
两个问题

问题一：是什么
问题二：怎么样

◆ 图 6-1 用户体验的问题

针对图 6-1 中的两个问题，具体介绍如下。

❶ "是什么？"的问题

所谓"用户体验"，实质是消费者关于所消费的产品或服务的纯主观感受的总和，可以说，在产品或服务的消费过程中，企业或商家提供给消费者的基于服务这一平台的商品创造的认知印象和回应。

在"用户体验"概念中，有以下 3 个决定用户体验好坏的因素。

（1）系统。实用性，畅通性等。

（2）用户。外界态度，自身情绪等。

（3）使用环境。舒适性，关联性等。

随着社会经济的发展，经济活动中对用户体验的关注度逐渐得以提升，在消费者的可选择性大大增加的环境下，"体验为王"的竞争态势进一步明朗化，并随着消费者信息发布方式的多样化和范围的加大，其话语权在更大程度上获得了加强。

在这一过程中，商品或服务的用户体验之旅真正开始。只有很好地从消费者角度出发，做到以下3点，才能提升消费者的用户体验，才能称之为好的用户体验。

（1）带来超出用户预期的惊喜与感动。在餐饮企业或商家给用户提供产品或服务时，达到用户预期的体验效果并不能称之为完全成功的用户体验，只有那些超出用户预期的产品或服务提供才能带给用户额外的惊喜与感动，才能更好地提升餐饮企业或商家的形象，形成良好口碑。

（2）带来能为用户所具体感知的价值。餐饮产品或服务给用户带来的体验，贯穿用户食用产品或享受服务的全过程。当餐饮企业或商家在这一过程中能创造被用户具体感知的好的价值和体验，那么，它们就有可能获得竞争优势。

（3）带来贯穿每一个细节的魅力感受。细节，因其重要性，所以一直是人们特别强调要注意的问题；也因其细小，经常被人们所忽略题。基于此，注意把握细节往往更容易获得成功。O2O模式的餐饮行业的营销与运营更是如此，具体如下。

▶ 从提升用户体验出发，从产品或服务的细节着手，让用户感觉到消费过程中的愉悦和价值，从而打造餐饮企业品牌产品和服务，这是餐饮企业获得成功的重要方式。

▶ 更重要的是，往往一个很小的细节问题的忽视，就会全盘损毁企业或商家好不容易塑造的企业良好形象，这明显得不偿失。

综上所述，用户体验的关键就在于用户所得到的对产品或服务的观感，而这从企业或商家角度来说，就是企业战略上的产品观、服务观的具体体现。

在餐饮O2O模式中，用户体验不仅包括线下的产品或服务体验，还包括线上的硬件或软件的使用体验及沟通与交流的互动体验，如图6-2所示。

◆ 图6-2 餐饮O2O的用户体验

企业战略应立足于产品，最终又落实到产品上，而不能是泛泛而谈的理念。企业的每一项战略决策都必须具体到企业产品或服务如何解决消费者问题（实用性），以及如何让消费者在使用或者消费过程中感到舒适与愉悦。

且这种实用而愉悦的用户体验是能够为消费者确切感知到的，使消费者有如欣赏皮克斯动画一样，感受到每一幅画面背后所隐藏的自然而然的、不能抑制的愉悦感受。这是产品或服务的技术魅力所在，是其他商家无法轻易复制的。

❷ "怎么样？"的问题

以消费者为核心的营销中，用户体验是一个影响营销全局和发展前景的重要因素。这也是由餐饮O2O模式的商业应用和发展过程中消费者的目标转变决定的，如图6-3所示。

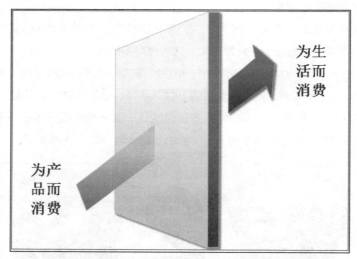

◆ 图6-3　餐饮O2O商业模式下的消费者观念转变

在这种形势下，用户体验更是备受关注。因此，企业或商家所提供的好的用户体验不仅是餐饮商户营销实现的重要条件，也是提升客户忠诚度和增加客户黏度的重要保证。

而营销实现与客户忠诚度的保持，它们与企业或商家之间有一个非常重要的连接途径，那就是企业品牌的建立。在如今端到端、点到点和社会化的营销布局中，企业和商家可以基于 O2O 模式的应用，通过自媒体建立自身的营销品牌。

可见，用户体验的提升是建立企业品牌的绝佳途径。对企业或商家而言，改善和提升用户体验，可以使得消费者在某种程度上重新认识品牌产品，并在此过程中形成企业或商家与消费者互动的营销模式。

专家提醒

体验和营销，犹如一个事物相对的两面，它们在不断地斗争过程中寻求结合点与平衡点，并在各种新技术的作用下，如互联网和移动互联网技术、大数据技术、LBS 技术等，通过商品或服务这一道具逐渐实现两者之间的结合、化解、扭曲及变异，从而呈现出了目前商业生态中的多样化且极具交叉性的新概念和新模式。

6.1.2　O2O 模式用户体验

在餐饮 O2O 模式应用中，用户体验方式与传统方式之间发生了重大变化。传统餐饮的体验方式无非是"先尝后买""外带打包"这一类极为简单的方式，如图 6-4 所示。

（1）免费品尝券

◆ 图6-4　先尝后买

（2）免费品尝宣传图

◆ 图6-4　先尝后买（续）

　　然而发展到现阶段，传统的餐饮体验方式已经不能适应消费者日益发展的更深层次的消费需求，于是出现了试用体验外的产品和服务体验，它能为消费者提供全方位的体验服务。关于O2O模式的用户体验，具体内容如下。

❶ 新式体验更符合用户需求

　　人们在进行消费时，与产品或服务的关联过程包括"买的时候"和"用的时候"，而这两个时间点上消费者所产生的"情感"在很大程度上决定了其的购买行为，如图6-5所示。

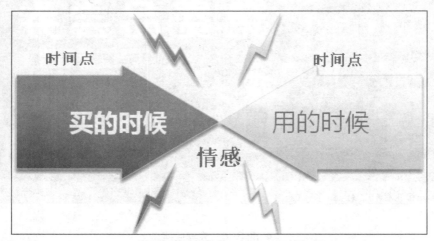

◆ 图6-5　消费者的购买体验

在高度的商业文明发展的氛围中，O2O 模式应用下的用户体验差不多席卷了整个市场，作为"百业之王"的餐饮行业更是如此。消费者在一次完整的餐饮消费过程中需要满足 8 个方面的要求，如图 6-6 所示。

◆ 图 6-6　消费者购物过程的体验要求

❷ 新式体验方式的多样化

在餐饮 O2O 模式应用中，其与传统体验方式不同的明显特征就是体验方式的多样化，这是显而易见的。且这种多样性从消费者的需要出发，根据实际情况提供。

无论是从服务出发的消费者体验提升，还是从产品出发的消费者体验提升，它们都是餐饮 O2O 模式应用下的用户体验的新选择和新途径。

如海底捞火锅，针对年轻人这一大的消费者群体，与海马玩进行强强联合，在等位区设置了手游专区，为无聊的等待提供娱乐体验，如图 6-7 所示。

◆ 图 6-7　海底捞的等位体验——手游方式

另外，它还针对其他有不同需求的人提供不同的满足其需求的体验方式。如为手机用户提供的手机专用袋，这是为普遍的消费群体服务的体验方式，如图6-8所示。还有专为孩童服务的宝宝椅和餐具等。

◆ 图6-8　海底捞的体验提升——手机专用袋

6.1.3　用户体验具体类型

用户体验，其实就是企业或商家传播自身消费价值的体现，而消费者从自身的整个消费过程、企业或商家带给自身的各方面感受中体验这一价值，具体表现在企业特有的标志、独具风格的装修、精心制作的产品和精心准备的服务等4个方面，如图6-9所示。

（1）各具特色的餐饮企业标志

◆ 图6-9　餐饮企业的标志与装修

（2）风格独特的餐饮企业装修

◆ 图6-9　餐饮企业的标志与装修（续）

　　而消费者在消费过程中对图6-9中元素的感觉与印象，是通过视觉、听觉、触觉、嗅觉和味觉来实现的，并在此过程中完成特定品牌信息的传播，这些是构成这个消费过程的基础，如图6-10所示。

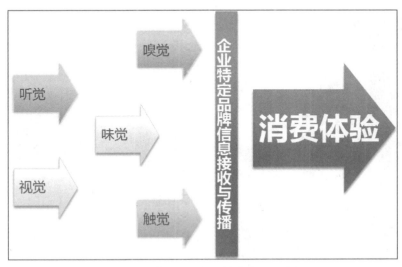

◆ 图6-10　用户的消费体验过程分析

　　在这一消费体验过程中，根据其所带给消费者的诉求的不同方面，可分为3类，具体内容如下。

❶ 感官体验：让消费者产生难忘回忆

所谓"感官体验"，是一种诉诸视觉、听觉、触觉、嗅觉和味觉 5 种感官的用户体验，具体表现就是促使消费者在使用产品和享受服务时所产生的美好感觉，如图 6-11 所示。

（1）餐厅的户外用餐感官体验

（2）虚拟现实感官体验

◆ 图 6-11　餐饮的全新感官体验

在感官体验中，消费者能够获得关于产品或服务的第一印象，从而进入消费体验的初级阶段。其实，这一体验过程就是用户感官体验的信息自动处理过程，包括消费者直观的信息接收与摒弃的过程，具体内容如下。

（1）信息接收。接收那些与消费者自身的需求、风格和愿景相契合的信息。

（2）信息摒弃。摒弃那些无关的或与消费者自身的观点、立场相悖的信息。

在这一接收与摒弃的过程完成后，最终留给消费者的是那些能感受到愉悦、兴奋和美感的信息。在此种情形下，信息带给消费者的感官刺激会直击消费者的潜意识，进而影响消费者的消费决策。

❷ 情感体验：触及消费者的心灵深处

所谓"情感体验"，即一种判断消费者的需求是否得到满足时的主观态度和内心体验。它是最吸引人的消费体验之一，这是基于其在营销世界里的地位和产生的影响而言的，即情感和形象是营销的力量源泉。

与感官体验不同，情感体验直击消费者的心灵，引起消费者的共鸣，并产生持久而深刻的情感印象，其结果就是，它能激发消费者的购买欲望和最大限度地提升消费者的忠诚度。

因此，在O2O营销过程中，不仅要将诉求点置于产品或服务本身，还应该将实现产品或服务的利益点与对消费者关怀的完美结合。根据这一理论，积极地寻找能引起消费者情感变化的因素，并采取有效方法激发其消费活动过程中的积极情感，最终将使得营销活动顺利进行。

❸ 文化体验：建立强大的品牌观念优势

相对于感官体验和情感体验来说，文化体验这一用户体验类型超越了个人体验的范畴，实现了与更深厚、更宽阔的社会文化的关联，并对消费者的选择和观念产生了巨大的影响。

在文化体验这一中心理论指寻下，企业或商家设计出围绕某一主题的品牌产品、文化氛围和空间环境等多方面内容，从而建立强大的品牌观念优势产品。图6-12所示为4D气球美食文化体验。

◆ 图 6-12　餐饮的文化体验

6.1.4　用户体验发展变化

在餐饮 O2O 模式中，消费者经历了一个被商家从线上下单带到线下消费的过程，这是这一模式的最重要体现和变化，从而也使得用户体验发生了极大的变化，具体表现在以下 4 个方面。

❶ 情感化：与消费者产生心理共鸣

餐饮 O2O 模式的应用，其中一个重要的发展就是更加注重消费者情感方面的诉求，注意自身产品、服务于消费者的心灵契合度。

就如目前智能手机的普遍应用而言，商家迅速在这方面做出反应，众多实体店免费网络的提供就是寻求消费者的情感共鸣和满足消费者需求的探索与应用，如图 6-13 所示。

◆ 图 6-13　餐饮实体店的免费 Wi-Fi 提供

另外，随着网络社交化的快速发展，餐饮企业或商家为了使得对消费者的影响更加全面和深入，它们更多地将目光投放在了社交网络上，纷纷在社交平台上积极营建企业自身的品牌形象，树立品牌优势。而消费者的消费决策在受网络社交化的影响方面也随之加大。

这样，在企业或商家、消费者两方面的发展趋势下，基于信任、真诚等情感投入的社交平台的餐饮 O2O 营销在用户体验方面获得了其他方式所没有的巨大优势，营销领域的情感化变化趋势也越发明显。从这一方面来说，如图 6-14 所示的星巴克是其中的佼佼者。

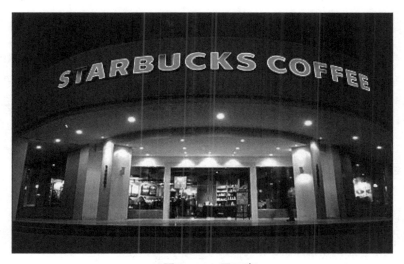

◆ 图 6-14　星巴克

星巴克在进行 O2O 探索时在很多社交网络中建立起了自己的品牌优势，尤其是在年轻一代的消费者心目中有着良好的企业形象，从而为星巴克未来的发展提供了有效的保障。

❷ 个性化：彰显消费者个性的一面

在以人为本的时代环境下，个性化的追求越来越突出，营销领域更是如此。消费者从追求知名品牌转为更加注重彰显自己个性的趋势日趋增强。

对餐饮行业而言，个性化的用户体验，主要是指菜单、餐位等方面的个性化。餐饮企业或商家可以通过多种途径获知消费者的各项用餐信息，如图 6-15 所示。

◆ 图6-15　消费者用餐信息

在了解了消费者基本信息和基本需求的基础上，对客户资料进行分类整理，整合客户资料和资源，并根据其进行个性化的餐饮信息推送，提供具有特色的菜单和餐位，积极满足消费者的个性化需求。只有这样，才能逐渐在提供优质的产品和服务的道路上走得更远、更稳。

❸ 互动化：让消费者参与产品设计

"互动化"体验的发展变化，是指消费者开始逐渐注意产品和服务的呈现，积极参与到产品或服务的设计中去。

在餐饮 O2O 中，消费者的互动可从以下 3 个方面进行分析。

（1）社交网络上的互动。这种互动一般是建立在功能性的交互基础之上的，即基于产品或服务的功能性需求进行的互动。在这些消费的功能性互动中，逐渐建立起双方的信任关系，从而为餐饮企业或商家的活跃度和扫码率提供关系基础。

（2）人与人的一对一互动。这种互动一般是指餐饮 O2O 场景中的聊天背景或微信小号环境下的一对一的沟通。它是一种个人化的关系互动，是信任关系发展的进一步延伸。

（3）人与品牌关系上的互动。这种互动是对上一种互动的转折性发展，它从人与人的关系转化到了人与品牌的关系上。其目标是建立对品牌的积极参与和认同的信任关系。

❹ 美感性：注重消费者的心灵感受

"美感性"的用户体验，集中在一个"美"字上，即随着社会经济的发展，消费者已经把产品或服务能够带给自身可种美的感受作为衡量企业或商家的重要标准。

因此，企业或商家需要在提升产品或服务的美感上多下功夫，更好地把握好消费者的情绪。从这一方面着手，将更好地提升 O2O 模式应用中的消费者体验。

6.2 线上体验

从餐饮O2O的整体来看，线上和线下运作是构成目前餐饮业发展的两大主流。而从线上运作来看，其用户体验的好坏在很大程度上决定了企业或商家的成交与否，具体内容如下。

（1）网站浏览方面。无论是搜索还是页面切换，用户可以明显感觉到速度更快。

（2）下单预订方面。在整个餐饮预订到支付的过程中，用户可以实现便利的一键点餐，无须其他烦琐的操作流程。

（3）消费评价方面。无论是从评价的条数还是从页面幅度来说，线上的消费评价都占据着很大的分量，明显更容易引起关注，如图 6-16 所示。

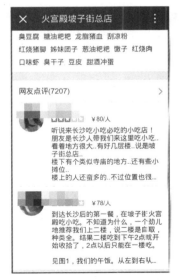
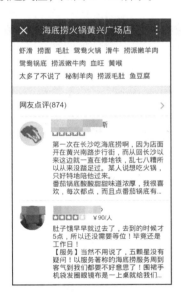

◆ 图 6-16　餐饮 O2O 模式下更明显的消费评价

可见，线上体验的提升是一个需要进一步完善的领域，下面从 4 个方面来进行具体介绍。

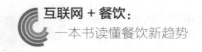

6.2.1 线上接待的沟通体验

线上接待的基本内容就是与用户进行沟通，而沟通是促进相互了解最有效、最便捷的方式。

O2O 营销的线上沟通在没有其他辅助了解方式的情况下更是需要加以特别关注。这不仅是企业或商家了解客户的基本要求，也是吸引客户的必要条件。

因此，在餐饮 O2O 的线上运作中，线上接待环节有着非常重要的地位和意义。图 6-17 所示为线上接待环节展示的内容。

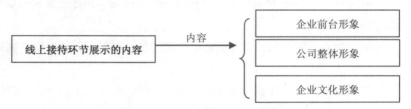

◆ 图 6-17　线上接待环节展示的内容

基于线上接待的重要地位和意义，企业或商家需要创建一个吸引人的、高效的沟通体验平台和流程，且在创建的全过程中需要从顾客的角度出发来进行考虑，从而创造出一个有黏性的、愉悦的体验设计。

只有这样，才能在沟通的过程中建立起彼此的信任关系，并在不断地增进了解的过程中实现与消费者的情感共鸣，在促进线上消费的同时也为线下体验的展开奠定坚实的基础。

6.2.2 网上店面的交通指南

在现今高楼林立、街道纵横交错的交通环境中，提供一份具体的交通导向图是非常有必要的。而这恰是很多餐饮企业或商家所忽略的。

可能他们会认为，现在的位置导航这么方便，有必要再去"多此一举"的准备一份交通导向图吗？回答是肯定的。

这主要有两个方面的原因，具体如下。

其一，准备一份具体、详细、精准的企业或商家地理位置的交通导向图，可以对外充分展示出该企业或商家在细节处的关注度，提升消费者对企业或商家的好感和信任度。

其二，这样一份交通导向图不仅能够避免电子地图某些内容更新方面的误差，从而引导消费者顺利找到商家店铺，还能使消费者更乐意通过查找商家来进行位置的搜索，从而增强消费者与企业或商家的关联性。

在店面的交通导向方面，店家不仅需要制定线上的街道示意图与交通路线图，而且还要对不同方位的路线与街道进行细化和精准化。

除此之外，商家还可以通过向用户发送短信的方式向消费者说明公交车与自驾的行车路线。

在这里，还补充一个线上交通导向的辅助措施，那就是在线下店铺的街边定制导向牌，指引消费者顺利抵达，如图 6-18 所示。

◆ 图 6-18　店家导向牌

6.2.3　预订支付的便捷服务

餐饮 O2O 模式的线上交易，其用户体验的便捷性主要表现在两个环节上——线上预订和线上支付。

从线上预订来说，它不仅可以实现一键下单，还可以节省消费者的等位时间，使得消费者能够在约定的时间迅速地获取产品或服务，如图 6-19 所示。

从线上支付来说，消费者能够利用多种方式进行支付，特别是在支付宝和微信这两种支付方式盛行的时代，为消费者和企业或商家提供了便捷的支付场景，如图 6-20 所示。

这种便捷的线上支付方式，对于餐饮 O2O 模式的应用来说，更是至关重要的，它是 O2O 营销实现的核心，影响其营销的发展与壮大。

◆ 图6-19　线上预订的便捷体验

◆ 图6-20　线上支付的便捷体验

6.2.4　"亲"式用语的服务体验

　　在餐饮 O2O 模式中，用户体验主要是由 3 个因素决定的——产品、服务和价格。其中，在服务方面企业或商家还有待精耕细作进行深化，如在服务用语上选用显得亲切的称呼就是一个重要的体现。

　　在 O2O 的线上平台交易环境中，消费者与企业或商家的交易是通过冷冰冰的电子设备进行的，消费者对产品和服务的印象也只是来源于特定的图片和文字，双方之间缺失了交谈的温情。

假若在图片和文字间加入"亲"式的称呼，如"亲，欢迎光临""亲，谢谢惠顾"等，可以拉近双方之间的距离，产生良好的沟通效果，从而让消费者陡增对企业或商家的信任感，如图 6-21 所示。

◆ 图 6-21 "亲"式用语

6.3 线下体验

在餐饮 O2O 模式应用中，相对于线上体验而言，线下体验更容易获得消费者的信任，这是线下运作的优势之一。基于这一优势，消费者在享受线上消费的同时也普遍希望线上企业提供更多的实体终端以供他们体验产品。下面就以线下体验为主题，对其内容进行具体介绍。

6.3.1 真诚的态度感受

餐饮行业就其本身的行业性质来说，属于服务业的范畴。在餐饮消费过程中，店家的服务贯穿消费者消费的全过程，且 O2O 模式的线下运作，消费者到实体店消费首先感受到的就是店家对消费者的态度。

因此，针对这一问题，店家需要从礼貌和真诚两个方面提升其服务态度。

良好的服务态度，其中一个重要的体现就是礼貌。它是餐饮行业服务的核心内容，更是能够帮助餐饮商家获得竞争优势的决定性因素。基于此，在餐饮行业，礼貌服务的培训是必不可少的，如图 6-22 所示。

◆ 图 6-22　礼貌服务的培训

　　试想，一个餐馆如果在对待消费者的时候态度不好，甚至恶劣，那么，还会有人去那里用餐吗？答案是否定的。

　　因此，有必要在服务过程中带给消费者礼貌待人的用户体验，这在很大程度上能让消费者印象深刻，好感倍增，同时也会提升餐饮商家的客户忠诚度。

　　良好的服务态度的另一个重要表现就是态度要真诚。无论是大店的规范服务，还是小店的家常服务，只有本着真诚的态度去为消费者提供服务，并保持线上线下的信息的对称性，才能让顾客感到满意和放松，从而加深消费者的用户体验。

6.3.2　舒适的环境打造

　　餐饮O2O的线下运作，消费者在到店消费时首先感受除了店家的服务态度外，还有一个重要的方面，那就是店面形象和布局。这是餐饮企业或商家的企业文化、企业价值等的对外体现。

　　不同的店铺装修风格有着不同的内涵和消费价值，且根据其装修风格的不同可以察觉出企业或商家的特色产品和服务。图6-23所示为简洁的店面装修，它能给消费者带来清爽、整洁的第一就餐印象。

　　因此，在餐饮O2O模式应用中，其线下运作的第一步就是营造一个契合店家营销理论与特色，并能最大程度提升消费者满意度的消费环境。这一环境至少要具备3个方面的要求，具体如下。

◆ 图6-23　简洁的餐饮店面装修

（1）专业性。

（2）独具风格。

（3）舒适度。

6.3.3　线下体验式消费

所谓"体验式消费"，即通过商品的试用来提升商品营销的消费方式。这是一种市场推广创新的体验式消费方式，可以让消费者对需要的商品有一个直观、清晰的了解，因此颇受消费者的欢迎。

关于体验式消费，在线下运作中主要包括3类，如图6-24所示。

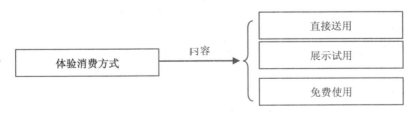

◆ 图6-24　O2O 模式的线下体验消费方式

通过图6-24中3种方式的体验式消费，可以吸引那些觉得网上购物不让人放心的消费者，让他们在线下直接感受到企业或店家的商品，帮助他们加深对商品的了解，从而快速引起消费者的购买欲望。

餐饮行业的体验消费相较于其他行业来说，其消费感受更是容易让人印象深刻。

6.3.4　团购的整合升级

餐饮 O2O 模式中的线上团购服务就目前情况而言，还存在着诸多问题，具体内容如下。

（1）宣传夸大其词。

（2）价格浑水摸鱼。

（3）虚报团购人数。

（4）服务质量差。

正是这些问题制约着团购服务的发展。针对这些问题，餐饮企业商家在固有模式的基础上，通过开设线下体验店来提升用户体验。这是一种完全与 O2O 理念相符合的做法，能够很好地进行市场推广，实现与线上团购的完美结合。

那么，团购的线下体验店的资源整合升级与服务提升应该从哪些方面着手呢？关于这一问题，其答案主要包括 3 个方面，具体内容如下。

（1）营造良好口碑。在传播产品信息方面，口碑已经成为其中一个重要的来源。而线下体验店设立的本质就是获得消费者的信任，从某一方面来说，其最终目的也是营造良好的口碑。

因此，团购网站有必要保证其商品或服务的质量，并在线下体验店运作中加深消费者对产品或服务的确定性。这样，在良好的口碑营造过程中，逐渐影响更多的潜在消费者。

（2）符合消费趋势。营销是在一个时代环境中的市场经济活动，因此，有必要了解最新的消费趋势和客户的消费习惯，具体如下。

> ▶ 在消费产品的结构方面，非生活必需品方面的消费呈现出了高增长的趋势，如图 6-25 所示。

> ▶ 在消费行为的驱动方面，表现消费者愿望和意愿的消费行为逐渐提升。

> ▶ 在消费人群的结构方面，中老年人这一消费群体呈逐渐上升和发展的趋势，如图 6-26 所示。

其中，需要注意的是，团购的线下实体店更容易影响到老年人群体的消费，他们可能成为又一类团购营销中的消费群体。

（3）扩大社区影响力。在团购的实体店中，可以提供多种服务，其中就包括面对面的交流分享体验，且这一交流分享是建立在一定范围内的社区基础之上的。因此，在团购网站的线下实体店营销中，应该重点关注社区范畴内的影响力和吸引力扩大，从而实现线下到线上的引流，促进用户团购体验的整合提升。

◆ 图 6-25　奢侈品类的非生活必需品消费增长

◆ 图 6-26　时尚领域的中老年消费群体

6.4 上门服务

O2O 模式应用的"上门服务"，是一种由"送货上门"到"送人上门"的转变与发展。在这种方式中，商家在用户消费过程中大大地增加了其主动性，且消费形式也更为自由，在聚拢行业资源的前提下摆脱了线下门店的限制。

6.4.1 上门服务的市场新模式

随着移动支付和市场需求的发展，"懒人需求"催生和刺激了上门服务模式，使得消费者的一切可以代劳的生活需求都可以在这一模式的运营中找到相应的服务项目，如图 6-27 所示。

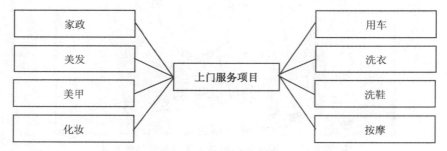

◆ 图 6-27 上门服务项目

在互联网和移动互联网的环境下，在人们生活需求和消费方式发生变化的社会基础上，上门服务通过多元化服务深入挖掘懒人市场，充分打造具有极致便捷用户体验的企业或商家营销方式。

在 O2O 模式应用中，上门服务更是获得了巨大发展，其原因就在于 O2O 的发展和应用为上门服务提供了巨大的想象空间和良好的基础条件。

然而，在目前的上门服务发展过程中，还存在着诸多亟待解决的问题。就如上门服务重模式轻资产的发展途径而言，在其实际运营中，需要注意 6 个方面的问题，具体如下。

（1）有效的服务人员素质管理。

（2）优质的服务体系标准建立。

（3）更好的用户反馈意见重视。

（4）严格的服务评分体系推行。

（5）服务前期产品或服务保证。

（6）服务后期产品或服务追踪。

6.4.2 餐饮O2O的第四种选择

O2O环境下的上门服务是"懒人经济"发展的产物，是宅男宅女们"宅"趋势发展的必然选择和能够"宅"的必要条件，且随着这种趋势的加强和O2O模式的应用拓展，各种服务项目相继出现，逐渐渗透到了人们衣、食、住、行等各个领域。在此，以餐饮O2O领域的上门服务为例，进行具体介绍。

在餐饮O2O模式下，随着上门服务的出现，人们常见的就餐方式出现了4种：去餐馆、自己做、叫外卖和上门服务，如图6-28所示。

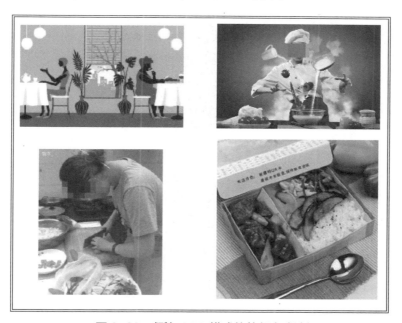

◆ 图6-28　餐饮C2O模式的就餐方式选择

上门服务作为人们就餐方式的第四种选择在服务方面为人们提供了诸多选择，具体内容如下。

（1）自由选择专业厨师。

（2）自由选择不同菜系。

（3）还可省却买菜环节。

这些都可通过上门服务的应用一键完成下单，提供给消费者绝佳的用户体验。

7
CHAPTER

运营推广，餐饮 O2O 的
精准营销

在餐饮行业的营销推广中，"精准"二字是获取营销成功的关键所在，也是餐饮企业或商家在餐饮 O2O 的模式应用中得以脱颖而出的必要前提。本章从大数据和 LBS 位置服务这两种有利于精准营销实现的技术出发，分析餐饮 C2O 模式的应用。

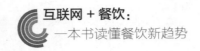
7.1 餐饮 O2O+ 大数据营销

对于餐饮行业而言，大数据的应用贯穿了包括采购、生产、营销和服务等众多环节在内的 O2O 模式的整个运营过程，它是餐饮 O2O 模式得以推广应用的数据和信息基础。可以说，在大数据的支撑下，餐饮 O2O 模式完全颠覆了传统餐饮理念。图 7-1 所示为 2014 年上半年中国在线订餐用户关注因素的大数据。

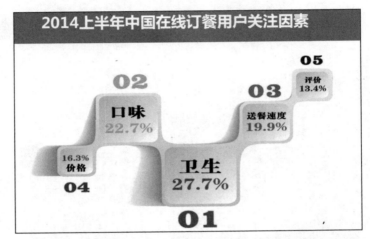

◆ 图 7-1　2014 年上半年中国在线订餐用户关注因素的大数据

因此，有必要在结合 O2O 模式和大数据的营销生态链中了解其必要性、影响、具体应用和未来挑战，并在掌握理论知识的基础上结合实际案例进行重点剖析。本节的内容就是从这些方面出发对餐饮 O2O+ 大数据营销的一个综合展示。

7.1.1　餐饮 O2O 需要运用大数据

餐饮 O2O 模式的应用是由一个个线上与线下的闭环组合而成的，且这些闭环还可以按照不同的因素、特点、作用等细分依据而分成不同的闭环关系链。

这些关系链的构成是需要大数据作为支撑的，因为只有餐饮 O2O 模式的营销运营中的每一个环节上的数据和交易都在平台上集成，才能被平台所记录和分析，并加以应用，也只有这样，才能形成闭环，进而更好地挖掘出餐饮 O2O 这一商业模式的最大潜在价值。

可见，数据在餐饮 O2O 模式的推广与应用过程中有着非常重要的作用，其闭环的形成是开始于数据的提供又结束于数据的收集与记录。因此，基于餐饮

O2O 与大数据的关系而言，从数据这一中心出发，也可以说形成了一个隐形而又意义重大的闭环，这一闭环主要包括 3 个方面的内容，具体如下。

❶ 交易过程数据

在餐饮 O2O 的整个交易过程中，产生了许多交易数据。就如一家餐厅一天的菜品而言，它包括以下几个方面的数据。

（1）单一菜品的成交额和成交量等数据。

（2）类别菜品的成交额和成交量等数据。

（3）整店菜品的成交额和成交量等数据。

又如一个线上平台一天的餐饮商家交易而言，它也包括以下几个方面的数据。

（1）单一店家的成交额和成交量等数据。

（2）单一菜系的成交额和成交量等数据。

（3）全部商家的成交额和成交量等数据。

而这些数据都需要在餐饮 O2O 模式的运行下有一个具体的掌握和记录，而这是线上平台在与餐饮企业或商家合作时掌握议价权主动的依据。这些交易数据在促进线上平台的可持续运营和发展的同时，还能在平台的数据信息授权下，为餐饮企业或商家提供运营的信息依据。

❷ 消费信息数据

随着社会经济的发展，人们用餐不再是只停留在填饱肚子的基本生理需求方面，它已经向着满足人们心理需求方面发展。为适应这一发展形势的变化，餐饮行业衍生出了一系列的线上线下餐饮社交和社群活动等方面的数据信息和应用，且这些信息和应用适用于全体社会大众。

在这些社交应用上，消费者把大量的线下体验、消费和服务内容接入线上，大数据技术基于这些信息数据，对消费者的消费习惯和喜好、消费能力和水平进行分析，在满足消费者个性化和差异化服务及实现餐饮企业或商家的精准营销的同时，也推进了餐饮 O2O 模式的应用发展。

❸ 用户行为数据

就用户行为而言，这一方面的餐饮 O2O 线上线下的闭环完成也是与大数据分不开的。

　　在用户消费行为产生的过程中，大数据的作用就开始显现，具体过程如下。

　　（1）第一步：在线上，用户通过网络了解到餐饮企业或商家的信息。

　　（2）第二步：在线上，餐饮店家通过营销手段收集和记录用户数据。

　　（3）第三步：线上到线下，餐饮店家经过引导使得消费者进入线下。

　　然而，直到如今，用户的线上与线下的行为闭环并没有形成，而且出现了脱节的现象，想要完成用户行为数据的闭环，还必须再回到数据这一中心上，需要把消费者的线下行为反馈到餐饮店家的线上数据管理系统中才能最终完成。

　　只有全面的基于这3个方面进行大数据的收集，如图7-2所示，才能构建餐饮O2O的大数据基础。

◆ 图7-2　餐饮O2O的大数据基础

　　而在上述3个方面的内容上，缺乏了大数据的连接，就无法实现餐饮O2O的线上线下的协同。如果线下的客户数据无法打通，那么餐厅就无法对用户行为进行有效分析，也就无法根据用户行为与消费习惯制定精准的营销策略，线上平台也是如此。

　　如果需要更好地协同线上与线下的用户行为与数据资源，提高线上线下的协作能力，关键在于数据的连接。餐饮业对内的管理需要数据，对外的营销也需要数据的支撑，并且这些数据的体量足够大且足够深时才能确保数据的连续性和准确性。

7.1.2 餐饮 O2O 的大数据影响

说到餐饮 O2O 模式的推广运营，其实是与大数据技术的作用分不开的。大数据的云端生态系统贯穿了整个餐饮流程和后台服务，如图 7-3 所示。

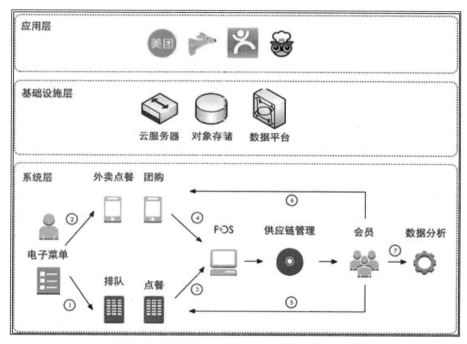

◆ 图 7-3 云端生态系统的餐饮 O2O 运营

而从大数据技术对餐饮 O2O 的影响来看，其主要是基于其自身的特点而产生的，主要表现在 3 个方面，具体内容如下。

❶ 集成化

在餐饮 O2O 模式中，集成化影响的主要着力点在于系统和数据两个方面。

（1）系统的集成化。从这一角度而言，餐饮 O2O 模式在移动互联网快速发展的情况下形成了系统集成的"小前台（智能终端应用）+ 大后台（大数据）"的运营体系，简化了餐饮前端平台的操作流程，使得餐饮企业或商家的运营程序更多地通过基础设施层的后台操作完成。

（2）数据的集成。从这一角度而言，消费者在生活中所接收到的各种餐饮服务信息、优惠信息和积分奖励等，它们都是大后台的数据收集和分析后的运营结果。

总之，在餐饮 O2O 的大数据集成化方面，出现了许多这一影响下的商业运营模式，如云计算应用的线上点餐就是其中之一。

❷ 个性化

餐饮 O2O 的大数据个性化影响是通过集成化来实现的，在图 7-3 中系统层的大数据分析后对消费者的个性化识别，为餐饮企业或商家的个性化、差异化服务提供了依据。

❸ 信息化

信息化是随着餐饮行业电子商务的发展而出现的，反过来，它又推进了餐饮 O2O 模式的应用。在此，主要以餐饮品牌的宣传为例，对其影响进行具体分析。

（1）传播途径方面。信息化催生了众多新型的餐饮信息传播途径，如微信、微博和二维码等，它们是在传统传播途径和方式上的颠覆式变化。

（2）工作效率方面。基于信息化的运营流程可以大量减少餐饮企业或商家的手工操作和降低工作复杂程度。

（3）团队管理方面。这是建立在工作效率提高基础上的，信息化下固化和优化的服务流程可以极大地提升餐饮企业或商家的管理水平。

7.1.3　餐饮 O2O 的大数据应用

餐饮 O2O 模式是一种适应行业发展趋势的运营模式，而这一模式想要在推广应用中获得巨大成功，进而促进餐饮行业的大发展，更需要应用大数据技术。

关于餐饮 O2O 的大数据应用，可以说是涉及整个运营流程的，下面从大数据在餐饮 O2O 模式中的 4 个方面具体应用进行了解，具体内容如下。

❶ LBS 位置服务

LBS 位置服务是大数据在餐饮 O2O 模式中最普遍的应用，它不仅能提供给消费者关于线上和线下的众多餐饮信息和服务，还能基于消费者的目前位置为餐饮企业或商家推送移动网络广告，促进餐饮行业的营销发展。

在餐饮 O2O 模式应用中，基于 LBS 位置服务的大数据应用应该具有总揽线上和线下的综合性特征，如线下门店地理位置、在线活动和社交平台等，为未来的餐饮 O2O 模式发展提供方向。

❷ 企业数据应用

餐饮 O2O 模式下的企业数据在信息化、电子化的影响下都得以收集和记录，因此，利用大数据技术进行具体分析和应用是完全能够实现的。关于餐饮企业或商家的数据应用，具体包括以下两个方面的内容。

（1）SCM 系统应用。根据餐饮食材采购的价格和数据方面的分析，为餐饮产品或服务的数量和价格提供决策依据。

（2）CRM 系统应用。根据企业收集到的数据深层次地挖掘和分析消费者行为，为个性化营销的实现提供参考依据。

❸ 基础管理应用

大数据技术应用到餐饮企业或商家的基础管理上主要是对 O2O 模式的线上和线下的餐饮信息进行管理，实现线上和线下信息的对称和同步。基础管理所包括的信息有：菜品设置、特价促销、优惠折扣、套餐信息、消费方式和员工资料等。

❹ 风险管理应用

在风险管理方面，可以利用大数据技术对餐饮 O2O 模式的运营各环节和餐饮企业或商家的经营情况进行准确把握，实现对经营的风险规避。

同时利用计算机强大的数据处理能力和流程优惠能力实现自动化管理，从而减少人为管理的疏漏现象和降低餐饮企业或商家的运营成本，提升运营效率。从这一点来说，餐饮 O2O 模式下的智能排队叫号和电子点餐等都是比较典型的应用。

7.1.4 【案例】伊利：微博平台的大数据营销

在消费者的心目中，牛奶多是营养、健康的象征，很少会与"活力"这类具备动感的词语联系在一起，但是伊利舒化奶却独辟蹊径，把"球迷"与"活力"这两个元素进行相关性链接，成功地利用世界杯这一事件信息，促进了营销的推广。

那么，在伊利舒化奶的营销推广中，其具体过程究竟是怎样的呢？又与餐饮 O2O 模式的应用和大数据技术有着怎样的联系呢？下面将围绕这些问题进行具体分析。

❶ 新媒体应用

相对于传统媒体来说，新浪微博可以说是一个广告环境相对干净而时效性又

强的媒体平台，且其有着不断增加的用户量，在这些条件的共同作用下，又基于世界杯比赛的时效性特征，伊利舒化奶实现了餐饮 O2O 模式的线上广泛推广。

在推广过程中，伊利舒化奶和新浪微博共同推出了名为"围观世界杯"的主题活动，如图 7-4 所示。

◆ 图 7-4　伊利与新浪微博合作推出"围观世界杯"活动

在这一过程中，它们还通过塑造"活力宝贝"这个非常具有代表性的虚拟形象，实现了与消费者的零距离接触，有力地促进了以消费者情感为核心的营销活动的产生和发展。

❷ 新平台利用

对于餐饮 O2O 模式来说，搭建或选择一个好的线上平台是营销推广所必需的，伊利舒化奶就基于这一要求，利用微博这一用户基础大且时效性强的社交平台，为广大球迷提供了一个可以充分沟通和交流的媒介，并以奖品提升他们维持关注和沟通的热度。

❸ 新传播模式

在新传播模式的打造方面，伊利舒化奶通过"活力宝贝"的官方账号不断发布最新世界杯比赛方面的信息，并密切关注粉丝的提问和促进与粉丝之间的交流。

在信息发布和交流中，伊利舒化奶实现了灵活的营销内容传播。

而上述 3 种策略应用其实是基于大数据技术的分析而进行的。特别是在目标受众方面，伊利舒化奶通过大数据分析，其目标受众为"活力型和优越型"人群，他们一般有着共同的产品诉求。

（1）充满活力、激情的产品诉求，以面对生活的挑战。

（2）有着权威、个性的品牌要求，更侧重产品的品牌。

7.1.5 【案例】绝味鸭脖：线上线下营销创新

绝味鸭脖是我国美食传统文化下孕育出来的经典品牌，受到广大消费者的喜爱。图 7-5 所示为绝味鸭脖的门店。

◆ 图 7-5　绝味鸭脖的门店

随着其在营销方式发展和策略应用方面的有效实施，其线下门店已超过 5 000 家，更是随着社会经济的发展，其产业规模也不断扩大。下面以 2013 年的具体数据为例，总体了解绝味鸭脖的发展概况和企业规模，具体如下。

（1）近 370 亿元的市场容量和规模。

（2）全国实体门店已经突破 5 000 家。

（3）每天约有 70 万人次的客流量。

（4）平均每天可售出 100 万根鸭脖。

（5）年零售总额已经接近于 40 亿元。

（6）解决了 2 万名员工的就业问题。

上述数据无不表明，绝味鸭脖品牌的营销获得了巨大的成功。其实，这一成功既有着线下营销创新的作用，又有着线上营销推广的影响，是餐饮 O2O 模式的典型应用与推广案例，具体内容如下。

❶ 线下

在线下门店的营销上，绝味鸭脖主要是进行了以下 3 个方面的营销创新。

（1）营销模式方面。绝味鸭脖采取了特许经营的零售模式，改变了商业模式的业态，促进了市场的发展。

（2）管理方式方面。在这一方面，着重进行的是餐饮产品生产上的管理变革，它着手进行规模化生产，并在人才管理方面实现了梯队搭建的有效管理。

（3）大数据决策方面。进行了信息化建设，并在大数据技术的指导下引入数据决策解决方案，更好地掌握企业发展大势。

❷ 线上

在餐饮 O2O 模式的营销应用中，线上策略是一个需要重点把握的领域，只有敏锐地关注到这一领域的推广价值和很好地利用其推广资源，才能获取竞争优势。

绝味就是利用微信公众平台这一新媒体，准确匹配目标受众，并利用微信公众号一对一的信息推送特点，实时传送美食信息、咨询和优惠活动信息，构建起了餐饮企业或商家与消费者的最快捷的数据沟通桥梁，如图 7-6 所示。

◆ 图 7-6　微信公众平台的绝味鸭脖信息

另外，绝味鸭脖还致力于打造极具特色的美食商业数据平台，以此汇集各类美食信息和渠道入口，保证消费者可以更加健康、安全地享用各类美食，实现餐饮行业的快速发展和餐饮 O2O 模式的推广应用。

7.2 餐饮 O2O+LBS 营销

无论是 O2O 模式，还是 LBS 位置服务，都与餐饮行业有着极为密切的关系，它们是现今的餐饮行业发展过程中必不可少的两大应用。那么，这二者组下的营销究竟有着怎样的意义和影响呢？下面来详细解释。

7.2.1 LBS 系统的餐饮 O2O 应用

在餐饮 O2O 模式下，基于位置服务的 LBS 营销是餐饮企业或商家借助网络体系，链接餐饮企业和消费者，从而完成位置地位服务和营销信息推送的商业模式，如图 7-7 所示。

◆ 图 7-7 餐饮 LBS 位置服务

从 LBS 位置服务的功能来看，它可以在拉近目标消费者与餐饮企业或商家与消费的了解的同时，最终达到其宣传品牌、加深市场认知的目的。

关于 LBS 位置服务在餐饮行业中的营销应用，可以从 3 个方面进行考虑，具体内容如下。

❶ 社交平台应用

在移动互联网环境下，LBS 位置服务可以充当移动社交 APP 使用，餐饮行业领域内的各企业或商家可以在这一功能的利用下，实现餐饮在社交网络上的运营，从而扩大用户基础。

❷ O2O 营销闭环

LBS 位置服务通过终端设备在虚拟的网络生活和现实的社会生活中架构起了互联的桥梁，从而使得餐饮产品或服务从线上延伸到了线下，而这恰是网络各媒体宣传和餐饮商家信息推送的最终目的，即通过线上引流，促进线下餐饮营销。

❸ 营销方式挖掘

从 LBS 位置服务的功能来说，它又是一种新型的媒体推广渠道，有着重大的营销挖掘价值，特别是在营销方式上，广告主可以将餐饮信息通过 LBS 这一服务，以创新性的多种方式进行推送，实现最大程度的营销推广。

7.2.2　餐饮 LBS 与 O2O 团购平台

餐饮业的 LBS 与团购结合的表现就是，用户可以通过 LBS 的应用，寻找餐厅并且进行团购，获得的收益餐厅则和团购进行分成。与此同时餐饮 LBS 应用，一般都具有点评的功能，用户也可以将用餐体验分享到各大社交平台，从而产生了二次传播的可能，如图 7-8 所示。

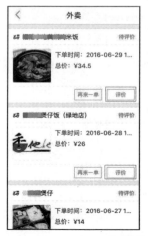

◆ **图 7-8　用餐点评**

　　餐饮行业结合 LBS，让消费者拥有了对商家、产品等进行挑选的可能，很大程度上提升了消费者的消费体验。不仅如此，LBS 对于餐饮行业来说，作用远不仅如此。其在餐饮行业中的深度应用体现在消费者选择和进入餐厅到消费结束的整个过程，具体应用过程如下。

　　应用场景一：消费者通过基于 LBS 位置服务的搜索可选择合适的餐厅就餐，如图 7-9 所示。

◆ 图 7-9　选择餐厅

　　应用场景二：消费者在进入所选择的餐厅后，在 LBS 位置服务的接入中，会在其手机中自动生成餐厅菜单。

　　应用场景三：用户点餐后，基于整个餐厅的 LBS 系统作用，餐厅后厨会自动收到订单，进行及时处理。

　　应用场景四：消费者在用餐完毕后，能够通过手机完成支付，如图 7-10 所示，其实这一场景也是在 LBS 位置服务的切入过程中完成的。

　　因此，可以说，凭借 LBS 系统，用户可以从选择餐厅→点餐→付款一气呵成，在这一整套流程当中，随处都可以见到 LBS 的身影，并且这其中还包括了手机支付的功能。

◆ 图 7-10　手机支付

7.2.3　LBS 与餐饮 O2O 结合的影响

对于餐饮 O2O 而言，无论是各餐饮的自主 APP，还是团购平台，抑或是社交平台，其上的餐饮信息其实都是与 LBS 系统的作用分不开的，都是基于其位置服务的信息推送。这些平台与应用，假若脱离了 LBS 系统，那么它们所推送的信息也就只是一种没有意义的普通信息呈现，是很难在精准定位和精准营销的实现上取得大的成功的。

从 LBS 系统对餐饮行业的影响来看，其作用表现在两个方面，具体内容如下。

❶ 提升营销精准性

人们在生活中，经常会遇到由于信息的不完善而造成的诸多不便。信息的不完善便会造成服务与需求的不对称，特别是在一般需要即时消费的餐饮行业中，这种情形就更是明显。

例如，用户想去一家餐馆吃饭，明明知道就在附近却找不到，这种情况，就是位置信息的不完整而造成的。

但是随着基于 LBS 的各种应用的出现，基于特定时间、特定地点的信息和服务的推送，便悄然间使用户脱离了这种困境。每当用户到达某个地点之后，便会接收到周边的生活服务信息，当然也包括餐饮服务信息，如图 7-11 所示。

◆ 图 7-11 　手机接收到的餐厅推荐

　　基于用户位置进行的广告推送，最大的好处就是让广告有更高的消费转换率，而且可以很大程度地将用户从线上引导到线下，增加客户的到店率，将互联网变成了餐厅另一个营销入口。

　　一则优秀的广告，在某种程度上可以成功刺激消费者进行冲动性的消费。在餐饮行业也是如此，如果用户看到一则餐厅信息推送，若是能做到图文并茂从而吸引到消费者，那么消费者可能就会产生立即去实际购买的消费冲动。

　　这种形式的转化率是很好的，就算无法立即吸引到消费者，也能让消费者产生一个不错的印象。LBS 能起到的作用，就是将商家与用户快速地在现实中连接起来，可以在很大程度上缩短商家与用户之间的距离。

　　对于餐饮业来说，LBS+O2O 是最适合餐饮业的营销模式，这种模式已经有很多餐饮企业进行了尝试，并且摸索出了较为清晰的盈利模式。LBS 与餐饮行业结合起来，对于餐饮业的营销难题，是一种很好的解决办法。

　　每当消费者打开基于 LBS 的一些应用时，通常都会弹出一个附近的区域地图，并且显示附近的美食，同时还拥有具体的位置，如图 7-12 所示。用户可以凭借与自己距离的远近来筛选，也可以按照搜索热度进行查看。

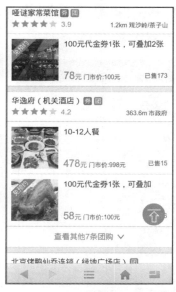

◆ 图 7-12　收到的美食推荐和餐厅导航

　　应用当中会有商家的电话，用户也可以直接拨打电话，如果满意则可以直接进行订餐。最主要的是用户无论是寻找餐厅还是美食，并不需要花费太多的时间，符合现在人的时间特征。

　　❷　提升营销影响力

　　一直以来餐饮行业对于营销，其实是有着很大需求的，但是由于餐饮行业的特殊性，导致餐饮行业不太适合进行大规模的网络营销。大规模的网络营销不仅费用高而且无法做到精准营销，效果相当不理想。

　　餐饮行业中一直都有两大成本，即房租成本和人员成本，正是这两大成本决定了餐饮行业营销上的不易。

　　具体来说，这两大成本，并不会因为店内有没有顾客而减少，所以餐饮行业盈利的核心，就是想尽办法减少店内的空座率，所以，最重要的还是顾客。但是由于餐饮行业的大规模营销推广效果不明显，很多餐饮商家选择的还是一些较为传统的营销方式，如餐饮传单、人为宣传等，如图 7-13 所示。

　　LBS 的出现，可以说是解决了餐饮行业营销的一大难题。LBS 最初的模式是以签到为主，在不同的餐厅签到会获得不同的奖励，人们处于新奇的心态，在一开始很喜欢 LBS 的这种形式。

◆ 图 7-13 派发餐饮传单

但是这种形式的用户黏性很低，无法让用户获得很大的实际价值，因此，LBS 的方式便开始转变。由于餐饮行业与地理位置密切相关，所以 LBS 便逐渐凭借地理位置这一特点，与餐饮行业开始有了新的结合。

由于 LBS 定位技术的逐渐成熟，对于餐饮行业的消费者来说，极大地方便了消费者的选择行为。不必再像以前那样去大街上寻找合适的餐厅，只要打开手机，点击 LBS 应用，周围餐厅便可以跃然于眼前。

另外，在 LBS 应用中，通过其进入餐厅消费的人，利用他们真实的用餐体验为口碑营销的打造提供了强有力的佐证，能够有力地加大宣传的影响力度。

7.2.4 餐饮 O2O ＋ LBS 的未来必然趋势

当前版本的腾讯 QQ 中，就拥有一个"吃喝玩乐"的功能，这就意味着腾讯已经开始强化 LBS 功能并开始涉足 O2O 领域。但是说到更早的 LBS+O2O 模式布局，当属排队网。

排队网，是一家专注于餐饮 O2O 领域，即立足餐饮行业，为消费者提供多种服务的网站，包括以下几点。

（1）移动订餐。

（2）移动点餐。

（3）美食优惠信息等。

排队网还为商家聚集大量的线上客源，从而实现精准营销，如图 7-14 所示。

无论是餐饮 APP 还是美食平台，又或者是线下的餐厅，只有将 LBS 真正地融合到 O2O 中，才会让餐饮行业实现真正的爆发。

◆ 图7-14　排队网

　　餐饮业是借助 O2O 模式快速发展的领域之一，LBS 出现之前，餐饮 O2O 网站主要通过提供预定或优惠券等形式为线下商户导入客流。当 LBS 出现之后，餐饮行业的引流方式，就全部依靠基于 LBS 的应用。

　　与此同时，各类餐饮服务网站和应用大量出现，并且得到了餐饮巨头的大力推动，使得借助 LBS 的餐饮 O2O 市场一直保持着一个较高的增长速度，特别是互联网自助餐厅对于 LBS 的应用更是熟练，其具体应用过程如下。

　　（1）场景转移。互联网自主餐厅通过 LBS 系统实现了餐厅的营销场景转移——在移动互联网进行营销建设，并同时转移到用户的移动终端上。

　　（2）服务提供。消费者通过手机可以获得更好的服务——更详细的信息展示和更及时的餐饮服务，用餐过程中出现的问题都可以通过手机终端的 LBS 系统来解决。

　　LBS 的出现，可以切实帮助餐饮服务中遇到的点餐、支付和预订座位等难题。不仅仅扩展了餐饮行业服务的时间与地点，使得消费者可以毫无顾忌地在任何时间和地点进行点餐、支付和预订座位等操作。同时也可以节约餐饮行业营销的成本，并且提高服务质量、增加用户的转化、增加业务类型等。

7.2.5 【案例】爱帮网：创新"位置＋服务"模式

爱帮网，通过聚合互联网上所有的本地生活信息和经验，帮助用户轻松实现更自由、更有品质的生活。爱帮网创新的"位置＋服务"搜索模式，为3亿网民和7亿手机用户提供了最方便有效的生活搜索服务。

下面就来展示一下，在餐饮行业领域内，爱帮 APP 是如何与 LBS 结合应用的。

（1）启动"爱帮附近"后，首先运入欢迎页面，随后进入主界面，点击"附近"按钮之后，会出现美食、小吃快餐、咖啡厅、宾馆酒店、景点等的图标，简洁、朴实的风格，直接表达出"爱帮附近"、定位搜索、贴近生活的理念，如图 7-15 所示。

（2）点击"美食"选项，即可显示用户周围的餐厅，如图 7-16 所示。

◆ 图 7-15　附近信息

◆ 图 7-16　显示附近美食

（3）语音搜索是"爱帮附近"的亮点，用户可以通过语音输入进行搜索，如图 7-17 所示。

（4）当搜索到合适的餐厅之后，用户可以直接点击进去，点击中意的餐厅之后，可以看到该餐厅的所在位置及用户评价，如图 7-18 所示。

◆ 图7-17　语音搜索

◆ 图7-18　商户详情

　　爱帮网除了良好的用户体验和友好的交互界面，其实核心内容是全网聚合搜索技术。本地搜索的特点在于搜索领域的专业性，以及搜索结果的精准性，而这一切必须依赖强大的本地搜索技术。

7.2.6　【案例】肯德基：百度地图上的餐厅打造

　　2015年国庆假期到来前夕，基于百度地图的强大定位功能，肯德基与其联手推出餐饮O2O新模式。在这一活动过程中，肯德基将全国4 000多家线下门店接入百度地图平台，打造全景的"肯德基虚拟餐厅"。这一行动使得肯德基这一餐饮品牌一瞬间得以广泛宣传。

　　肯德基在这一餐饮O2O战略合作上，主要是借助百度地图的搜索技术和资源来进行宣传和营销。通过这一携手合作，消费者可以在移动终端的百度地图主页上查询肯德基餐厅的产品、活动和套餐信息，从而尽情享受肯德基的美食服务。

　　现在，消费者无论身处何地，在使用百度地图的语音搜索功能的情况下，喊出"我要吃汉堡"的服务需求，那么，距离最近的"肯德基虚拟餐厅"就会现身为消费者提供服务，让消费者可以在平台界面上选择需要的餐饮产品，如图7-19所示。

　　肯德基与百度地图合作，通过"甜蜜中国"活动在线上发布优惠来吸引消费者的注意力，进而实现线上资源的线下引流，共同促进餐饮O2O模式的营销发展，如图7-20所示。

◆ 图 7-19　百度地图的肯德基餐饮信息搜索

◆ 图 7-20　肯德基"甜蜜中国"优惠活动

在这一大型餐饮 O2O 模式的营销活动中，肯德基餐饮品牌基于 LBS 位置服务，通过"最后三公里"的餐饮服务活动，实现了线上到线下的消费者引流。无论是从其影响还是营销效果来看，这都是一次非常成功的流量变现的营销实践，有着极大的借鉴意义。

8
CHAPTER

运营推广，餐饮 O2O 的
社交营销

在微信、微博等社交平台上，餐饮 O2O 利用其庞大的用户数量和特有的渠道来打通线上与线下闭环，实现营销目的。本章将从微信营销、微博营销和二维码营销 3 个方面来具体介绍餐饮 O2O 在社交领域的运营推广。

8.1 餐饮 O2O+ 微信营销

随着移动互联网的飞速发展，微信这一社交平台逐渐卷入了营销的旋涡，进而餐饮行业的营销也逐渐扩展到该平台上，并成为餐饮 O2O 模式线上线下各商家逐利的主流平台。本节将重点介绍餐饮 O2O 营销中的微信相关内容。

8.1.1 微信助力餐饮 O2O 营销

微信从其启动到版本升级，短短几年内就获得了巨大的发展，积累了庞大的用户群，可见，微信这一社交平台的发展潜力令人不可小觑。

在微信平台上，其诸多功能的设计目的是通过语音对讲等功能加强人与人之间的联系，使之由弱关系变成强关系，并链接 QQ 好友和手机通讯录的联系人，进一步构建起一张"个人关系连接网"。图 8-1 所示为微信添加手机通讯录好友的界面。

◆ 图 8-1　微信添加手机通讯录好友的界面

其后，微信在进行功能的提升时，又推出了能满足其用户各种社交需求的"附近的人""漂流瓶"等功能，最终形成了 3 大社交圈层，具体如下。

运营推广：餐饮 O2O 的社交营销 CHAPTER

（1）家人、朋友间的熟人交际圈。

（2）基于附近位置的千米交际圈。

（3）随机或扫码的陌生人交际圈。

在其庞大的用户数和社交网络的影响下，微信营销兴起，特别是随之其巨大移动流量的强势地位的确认，微信已成为餐饮行业的 O2O 发展主流平台。

在 O2O 营销应用中，要求所有的营销推广在其所产生的效果方面是完全可以清楚地了解，并能够实现对各项交易内容进行全程跟踪。而微信中的支付功能，使得这样的服务和要求有了实现的可能。

在微信平台上，消费者可以通过"我的钱包"等功能查看各种商品或服务信息，并能够在微信界面上完成支付，实现交易的可查询。可以实现各种即时的预订、交易等功能是微信 O2O 能够拥有独特的优势、很难被模仿的关键所在。

在微信公众平台向商业生态链领域进军的过程中，餐饮行业实现了向移动终端销售的大规模转移，从而使得餐饮 O2O 完成了线上线下的无缝对接，为未来的餐饮 O2O 发展提供了助力、指明了方向。

8.1.2　餐饮 O2O 微信营销特性

于餐饮行业而言，利用微信平台及其资源进行营销是建立在其基本性质基础上的，是对其特性进行利用的结果，主要表现在 4 个方面，具体如下。

❶ 展开互动，提升形象

强互动性的特征在营销领域的利用主要表现在微信公众账号界面。餐饮企业或商家可以基于微信公众账号与微信用户展开互动，从而有利于提升餐饮品牌在用户心目中的形象。

基于微信"一对一"的沟通方式，餐饮企业或商家不仅能有效地发布餐饮信息，还能与消费者开展有效地沟通，以聊天的方式让消费者更充分地了解餐饮品牌产品或服务，并帮助消费者解决有关于餐饮消费或其他方面的问题，如图 8-2 所示。

餐饮企业或商家与消费者的互动过程，其实是一个可以充分提升餐饮品牌和形象的过程，是对餐饮 O2O 的微信营销的典型应用。

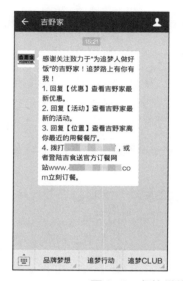

◆ 图 8-2　餐饮微信"一对一"互动营销

❷ 广泛分享，扩展推广

在微信朋友圈中，各种信息有着非常高的分享性。微信用户在朋友圈中分享有关生活中的餐饮美食信息和消费体验是比较常见的现象，如图 8-3 所示。

◆ 图 8-3　微信朋友圈餐饮美食分享

利用微信的高分享性可以很好地扩展营销推广，为营销提供渠道方面的便利性，从而使得更多的人了解和关注餐饮企业或商家的信息，达到更好地展示和推广自身菜品或服务的目的。

❸ 即时传播，信息传达

在微信平台上，只要用户在线，就可以进行双方信息的即时传播，为信息的接收和反馈提供极大的便利，特别是在餐饮优惠折扣信息的传播上，可以实现即时的传送，从而使得该类信息不会因为平台和渠道的问题而出现传播的失误，能够更好地满足消费者在美食消费方面的信息需求。

而从餐饮企业或商家的层面来说，它们可以通过微信平台实现信息的快速发布，并能根据餐饮企业或商家的营销策略来逐步完成不同层次和目的的营销目标。

❹ 功能完善，营销便捷

随着互联网和移动互联网的发展，微信等自媒体平台逐渐发展壮大，其中一个重要的表现就是微信功能的不断完善。在此种情形下，利用微信的多种传播手段和查询功能，可以使得利用微信平台进行的营销更加具有便捷性，这将为餐饮企业或商家的 O2O 模式发展和营销应用提供渠道及支撑。

综上所述，餐饮企业或商家可以利用微信平台的这 4 种特性开展餐饮营销，打造一个适合企业或商家自身的微信营销生态系统，提供更好的互动沟通渠道、信息传播渠道和客户关系管理通道，从而更好地在微信平台上挖掘餐饮 O2O 模式的营销价值，提升餐饮企业或商家效益。

8.1.3　餐饮 O2O 微信线上线下策略

在餐饮 O2O 中，其营销的实现包括线上和线下两个方面的问题，同样，在微信这一社交平台上进行餐饮营销也应该注意线上和线下这两个方面的策略问题，具体内容如下。

❶ 线上运营，扩大传播广度

在餐饮的线上运营中，其营销策略应包含多种方式的应用，只有这样，才能充分扩大营销信息的传播广度。关于线上营销运营的方式应用，主要包括以下 4 个方面的内容。

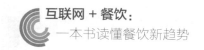
（1）有奖促销活动方式。在营销中，"优惠"无疑是最吸引消费者注意的关键字眼之一。因此，在微信平台上，餐饮企业或商家可以通过有奖促销活动来刺激用户参与的欲望。

当然，在有奖促销活动中，要求以扩大餐饮品牌的影响和关注为中心，利用微信分享到朋友圈、微信公众号等微信服务功能，在优惠券或其他奖励措施下积极推进餐饮企业或商家的信息传播，做好线上运营，如图8-4所示。

◆ 图8-4　微信朋友圈"转发有礼"有奖促销活动

（2）链接微信公众号方式。在餐饮微信营销中，微信公众号的设置是必不可少的。在推行公众号时，应该用餐饮企业或商家的真实署名，只有这样才能更好地进行接入链接。

而在具体推行时，餐饮企业或商家不仅要把握好推行的频率，还应该通过在微信之外的其他社交平台上，如微博、QQ等链接微信公众号，利用它们庞大的用户数据来提升微信用户的关注度，并在进一步关注的情况下加深其对餐饮企业或商家的了解，从而完成微信公众号吸粉的工作。

（3）链接二维码方式。在其他社交平台和社交工具上，除了可以通过链接微信公众号来实现微信推广营销，还可以通过二维码来实现，如图 8-5 所示。

◆ 图 8-5　微信上的二维码链接餐饮营销

在其他社交平台上贴上餐饮企业或商家的二维码，可以实现一键加深微信用户对餐饮信息的了解和扩大二维码的传播广度。

（4）QQ 邮件推广方式。对于大多数微信用户来说，微信是绑定了 QQ 号的，因此，在进行餐饮微信营销时，可以通过发送具有丰富内容并设置与餐饮企业或商家链接方式的 QQ 邮件来完成餐饮 O2O 的线上营销推广。

❷ 线下推广，增强消费黏性

在餐饮 O2O 的线下运营中，其主要任务是增强消费者黏性。在解决这一问题上，餐饮企业或商家可从 3 个方面着手，具体如下。

（1）门店二维码优惠方式。餐饮的线下门店营销有着众多营销方式选择，其中，效果比较明显的应数扫描二维码关注餐饮企业或商家的微信公众账号。这是一种简便易行的营销方式，并且它能引导消费者直接关注餐厅信息，是增强用户黏性的有力措施。

为了增加关注度，餐饮企业或商家还经常利用扫描二维码获得优惠的方式，推进促销的实施，如图 8-6 所示。

◆ 图8-6 餐饮扫描二维码优惠促销

（2）线下活动参与方式。线下活动是一种能在短时间内快速聚焦消费者关注的营销方式。关于线下活动的安排，具体包括以下内容。

▶ 试吃会活动。在充分利用线下门店的资源优势的情况下，积极举办能迅速引流的试吃活动。

▶ 线下引流活动。利用线上媒体平台，引导消费者流量到线下参与实体店体验活动。

▶ 微信引流活动。利用微信公众号的关注流量和微信平台追踪，引导消费者积极参与活动。

（3）微信会员卡优惠方式。"微信会员卡"又称为"微生活会员卡"，它也是会员卡的一种形式。与普通会员卡不同的是，它的优惠享受渠道主要是移动互联网媒介，也就是说，通过移动互联网的即时性、便捷性，消费者可以在微信会员卡平台上享受到餐饮等生活优惠。

这种线下营销方式，便捷性是其最主要的特征。这一特征不仅表现在用餐的预订、点餐等前期准备工作中，还表现在用餐后的支付等方面。

在微信会员卡优惠方式便捷性的用餐过程主导下，吸引了众多消费者的关注，可以推进餐饮企业或商家的营销快速发展。

8.1.4　餐饮 O2O 微信营销技巧

在餐饮 O2O 模式的应用过程中，微信营销是一种有着诸多优势的方式，然而微信营销的优势获取，也是需要建立在一定的营销技巧应用基础之上的。否则，不仅不能很好地推进营销的进行，还有可能影响餐饮品牌的形象，不利于后续的营销进行。因此，掌握一定的餐饮 O2O 营销技巧是必需的。

那么，对于餐饮行业而言，微信营销有哪些营销技巧需要掌握呢？关于这一问题的答案，可从 3 个方面来进行解答，具体如下。

❶ 账号设置方面

在账号方面进行妥当的设置，是进行微信营销的首要环节。从餐饮行业进行微信营销的主要目的来看，一是基于餐饮企业或商家的形象塑造和品牌建设；二是吸引广大微信用户关注，餐饮企业或商家应该设置基于不同目的的微信账号，以此来进行不同营销任务管理。

在餐饮品牌建设和形象塑造方面，餐饮企业或商家应该设置一个能充分作为自身象征的微信公众号，在提升品牌形象的同时，还能充当解决消费者问题和提供订餐服务的接入平台。

在吸引用户关注方面，餐饮企业或商家应该设立一些独立的微信号，然后通过微信平台中的"查找附近的人"等功能和手机通讯录、QQ 群来添加好友，在餐饮信息巧妙发布的过程中，达到吸引用户的关注和引流的目的。

❷ 账号运营方面

在微信营销中，账号设置后的工作就是如何进行账号的运营的问题。从这一方面来说，餐饮企业或商家的工作重心应该落实到 3 个关键点上，具体如下。

（1）加强互动性。在营销领域，只有保持一定的互动性，营销目标才有可能实现。因此，需要在账号运营过程中充分调动目标消费者的参与度，并利用热点事件引导，从而达到依靠互动来进行营销的目的，如图 8-7 所示。

（2）信息推送。与目标消费者互动的过程是建立在一定的餐饮信息推送基础之上的，否则于营销来说没有任何作用。因此，在推送信息时要注意以下几个问题。

▶ 信息内容方面。以餐饮企业或商家的最新菜品、优惠信息和美食文化等信息内容为主，且在篇幅上要尽量简短。

▶ 有序安排方面。在推送信息前要合理、有序地安排要推送的信息，并要根据一定时间内的具体环境来进行安排，保证推送的效果，做到有的放矢。

▶ 推送时间方面。最好安排在下午到晚上这一段时间内，便于培养潜在的目标客户。

◆ 图8-7　热点事件的营销互动性调动

（3）特别活动。餐饮企业除了利用传统的营销方式和沟通方式来进行微信账号运营外，还应该致力于内容和形式的创新方面。如在与目标消费者进行沟通时，可以通过互动游戏，来充分增强互动性和消费者黏性，并利用其游戏的精彩性，吸引目标消费者的关注，且这一过程还有可能形成二次传播和推广。

❸ 线下宣传配合

前面两点技巧是基于线上的营销运营来说的，在此，以餐饮O2O的线下这一主线为中心来完成微信营销技巧补充。

在餐饮O2O模式应用中，线下宣传的目的主要是把消费者引流到线上，引导他们长期进行关注，这是线下传统门店转型的必要措施。餐饮企业或商家可以在线下创新各种适合于微信平台的营销方式进行宣传推广，从而实现与微信平台营销的契合，达到餐饮营销目的和完成餐饮 O2O 微信营销闭环。

8.1.5 【案例】周黑鸭：微信营销转型

周黑鸭这一餐饮品牌，从其创立到如今，20 余年已过去，它也成功地发展成为一家精准定位年轻消费群体的鸭类卤制休闲食品企业。

在其发展过程中，在互联网和移动互联网的大环境下，周黑鸭利用微信这一新型营销方式和社交平台，在餐饮 O2O 模式的营销应用中，成功地实现了营销转型与创新。图 8-8 所示为周黑鸭的微信账号界面。

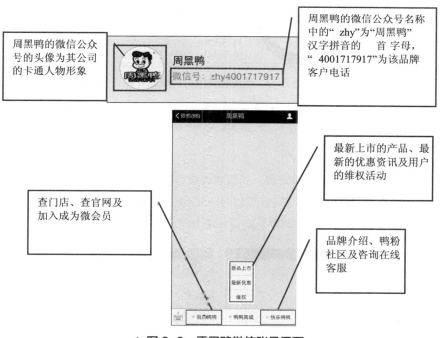

◆ 图 8-8　周黑鸭微信账号界面

关于周黑鸭的微信营销策略应用，主要包括 3 个方面的内容，如图 8-9 所示。

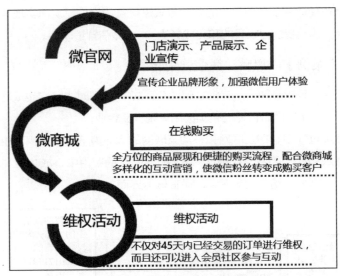

◆ 图 8-9　周黑鸭微信营销策略介绍

针对图8-9中的3个方面，周黑鸭有着全面而丰富的营销策略引导，具体如下。

❶ 微官网

为了扩大周黑鸭的品牌宣传，其微信公众号整合了"微官网"。"微官网"与在线官方网站非常类似，不仅可以对公司品牌进行大力宣传，而且不需要通过电脑，只需一部智能手机就可以访问，非常方便，如图 8-10 所示。

◆ 图 8-10　周黑鸭微官网页面

❷ 微商城

　　"周黑鸭"不仅支持直营店销售，而且还实现了微商城。如果要通过微信购买，需要经过以下几个步骤。

　　（1）在"周黑鸭"微商城首页，选择所要购买的商品。

　　（2）在商品展示页面，设置购买数量，点击"我想要"按钮购买商品。

　　（3）点击"微信安全支付"按钮实现在线支付功能。

❸ 维权活动

　　为了提高"周黑鸭"的服务质量，对用户的每个建议和问题都值得重视，于是"周黑鸭"微信公众平台推出了丰富的后续服务和保障，帮助客户进行维权，如图8-11所示。同时还提供了用户发布语言的地方——鸭粉社区，如图8-12所示。

◆ 图8-11 "维权"页面　　◆图8-12 "会员社区"页面

　　"周黑鸭"公众号中的维权活动和鸭粉社区，极大地提升了用户被尊重感，

拉近了周黑鸭与用户之间的距离，避免了用户的流失。

8.1.6 【案例】海底捞：公众号极致服务

作为一家以川味火锅为主营特色又集聚了各地火锅之长的大型餐饮品牌火锅店，海底捞在微信平台领域的营销应用可以说是比较早的，更重要的是，它凭借在微博、网站等平台上的良好口碑，迅速集聚了众多的忠实粉丝。

随着社群时代的来临，海底捞看中了微信的市场，于是将社群放到微信中，进行比较有效果的微信社群营销。

在做了微信营销之后，海底捞更是把极致服务从线下提升到了移动端线上平台，微信公众号粉丝数更是每日增长4 000多人。

接下来主要从两个方面来具体解说海底捞微信公众号中的营销应用和发展。

❶ 功能选择

点击海底捞微信公众号，在其平台中，可以很明显地看到上面有着3个最基本的查询功能，如图8-13所示。

通过这3个功能，关注海底捞微信公众号的社群用户可以了解有关海底捞火锅的基本信息、订餐信息和其他方面的信息，并在不同界面加以应用，具体内容如下。

（1）"点餐"功能界面。用户点击"点餐"按钮，即可选择在线订餐、在线排号、订外卖、进入在线商城、在线查看菜单。

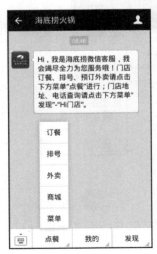
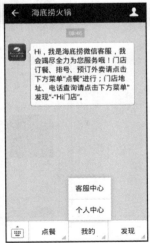
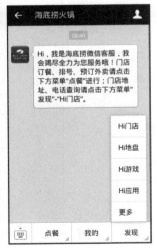

◆ 图8-13 海底捞微信公众号平台功能介绍

（2）"我的"功能界面。用户点击"我的"按钮，可以获取到海底捞微信公众号的客服中心，用户回应相应的数字，即可获得用户需要的服务，即回复数字 1，可以进行意见反馈；回复数字 2，可以进行订单的查询；回复数字 3，即可获取人工客服服务。

除此之外，用户还能跳转到个人中心，查看会员须知、订单信息、会员牌号、优惠券的查询、积分、联系海底捞、自己的朋友和所发的说说等信息。

（3）"发现"功能界面。用户点击"发现"按钮，可以选择多项功能，具体如下。

▶ Hi 门店，即显示用户所在地区的海底捞店面地址。

▶ Hi 地盘，即用户的话题广场，提供用户交互的地方。

▶ Hi 游戏，即用户可以在里面玩一下小游戏。

▶ Hi 应用，即里面包含了几个维护用户体验的小应用，如 Hi 愿望、摇摇乐、美图打印、Hi 农场等。

❷ 营销应用

人们对于餐饮社群的要求其实是非常高的，毕竟生活水平在不断地提高，用户对餐饮的要求也随即上升，因此，用户除了希望食物好吃，还希望能获取不一样的用户体验，这样才能将用户留在餐饮社群中。

下面就来分析海底捞微信公众号运用了哪些创新来活跃社群，从而进行公众号社群的营销与运营。

海底捞通过微信公众号社群平台，一方面，在线上就能让用户进行在线订餐、排号等位、联系客服等功能，大大方便了人们的生活；另一方面，通过 Hi 游戏与海海游戏平台合作，用户可以通过玩游戏获得海底捞某个店面的菜品券。

通过菜品券鼓动用户进行海底捞消费，并且需要关注海海游戏公众号才能进行奖品的领取，这可以算是捆绑推广，将海海游戏公众号推向消费者。

另外，在"点餐"功能界面上，海底捞提供在线商城，让用户在家也能吃到自己喜欢吃的海底捞，同时加强了用户对产品的体验。

综上所述，海底捞微信公众号社群不仅提供用户一个交流广场，将自己与海底捞之间的事迹分享出来，与共同喜欢海底捞的用户一起交流，还提供好玩的游戏，来增添用户对海底捞微信社群的黏性。

8.2 餐饮 O2O+ 微博营销

人们所熟知的 4 大微博平台——新浪微博、腾讯微博、网易微博和搜狐微博，无论是在用户群数量上还是日登录数量上都是十分可观的，且用户群在对网络平台的应用和时代脉络的把握上都占据着极大的优势，基于此，微博发展成为较有影响力的营销工具也就不足为奇了。

在餐饮 O2O 模式中，微博营销是指餐饮企业或商家通过微博这一社交平台实现线上线下间的营销互联的方式，这是社交媒体上除微信外的另一大营销应用。

8.2.1 餐饮 O2O 微博营销之内容篇

利用微博平台进行餐饮 O2O 营销应用的商业模式主要是基于微博平台的 3 个方面来进行考虑的，主要内容如下。

❶ 口碑营销

微博与口碑对于营销领域而言，是经常关联在一起的。在众多营销平台中，微博是比较容易形成品牌口碑的。通过微博社交平台，消费者可以查看更多有关其他消费者的消费信息和体验，如图 8-14 所示。

◆ 图 8-14　微博平台开放式的餐饮点评

这种切实的感受通过微博这一开放平台进行传播，是形成口碑的关键所在。

❷ 实时传播

微博平台上的信息有一个非常明显的特征，那就是实时性，而具有这种特性的信息是能够最大限度满足消费者的信息需求的，因此对餐饮企业或商家而言，利用微博进行营销，由实时性而产生的信息实用性也是餐饮商家所需要的。

因此，基于微博的实时性信息，消费者可以查询到最新的餐饮企业或商家信息，为其用餐选择提供依据，从而很好地增强用户黏性，引导消费者到线下进行消费。

❸ 便利互动

便利互动主要是基于微博平台的信息共享来说的。微博用户在微博平台上可以畅所欲言，尽情分享对美食的感受和体验，而餐饮企业或商家可以通过微博平台查看有关信息，了解消费者及其用餐体验，从而为进一步提升用户体验提供信息基础。

对用户和商家双方来说，一方面　微博平台能够为他们提供反馈交流的平台；另一方面，餐饮商家可以传递餐次产品生产过程中遇到的一些问题，对相关问题实现事前的信息告知，为消除消费者疑虑、避免不良影响提供条件。

可以说，在餐饮 O2O 中，微博平台是一种能够极好地推动双方互动、促进线上线下互联的营销渠道，因此，它能为餐饮 O2O 的营销应用提供更多的利用价值挖掘，促进餐饮 O2O 的发展。

8.2.2　餐饮 O2O 微博营销之技巧篇

餐饮企业或商家利用微博社交平台进行营销在精准定位目标客户和提升餐饮品牌形象方面有着非常重要的作用，然而，要怎样才能充分发挥微博平台的营销影响，就不再是一个如表面那样只是简单的信息发布与传播的问题，而是应该在掌握一定的方法和技巧的基础上来进行，只有这样，才能达到事半功倍的效果。

关于餐饮 O2O 模式应用的微博营销，其技巧的掌握主要包括两个方面的问题，具体内容如下。

❶ 信息内容方面

一个微博，如果在内容方面表现得毫无新意，一直都是那些无趣的内容，那么用户一定会顿失关注的兴趣。假如餐饮企业或商家的微博内容每天都进行更新，那么用户对于该微博的忠诚度也会提升，可能还会转发微博引起更多的人关注。

就如一组简单、搞笑的动态图，就能引起广大网友的转发、评论和点赞，它没有软文华丽的辞藻，只是以让人们放松、笑出来为目的，而这样的微博就能很快地吸引微博用户的注意。

因此，在微博信息内容的推广方面，掌握一定的技巧是必需的。下面介绍一些微博内容推广技巧。

（1）坚持原创原则。微博内容应该在坚持原创的内容建设上，适当引入热门内容，但在比例上一定要严格控制，把原创内容放在主位。

（2）把握发布频率。在进行内容的发布时，应该要适当增加发布的频率，从而保证餐饮企业或商家的微博活跃度，增加品牌的曝光度。

（3）内容质量方面。微博内容应该保持有文有图、图文并茂，从而增加用户的观感；还可以通过在图片上添加水印来促进微博的推广。

（4）实用与实时信息。微博内容要尽可能地围绕用户的生活展开，激起用户兴趣，并就可以引起用户关注的实时热点事件做适当转发。

❷ 营销推广方面

在有了基础的微博内容的情况下，还应该掌握怎样去进行推广扩大的技巧。对于这一问题，餐饮企业或商家可以从两个角度进行考虑，具体如下。

（1）会员服务方面。基于餐饮企业或商家对会员基础信息的了解，其经营者可以在展开微博营销的过程中利用所了解到的会员信息为消费者提供人性化、差异化的会员服务。

更重要的是，还可以通过微博社交媒体开设会员服务渠道，展开积极的互动沟通，增强会员对餐饮品牌的黏性，最终实现餐饮企业或商家的营业额提升。

（2）名人效应方面。在微博平台的营销利用中，名人效应和意见领袖的力量应用是一个很关键的方面。

因为在微博平台上，往往有大量的粉丝时刻关注着他们，且他们在这一平台上的言论一般都能在大的范围内产生高覆盖度和高传播度的影响。利用他们的这种影响力进行餐饮营销，往往能使得餐饮企业或商家的营销呈现爆炸性增长，并为餐饮O2O模式的发展应用提供助力。

8.2.3　餐饮O2O微博营销之粉丝篇

微博营销是一种基于信任的用户自主传播营销手段。企业在发布微博营销信息时，只有取得用户的信任和兴趣，才有可能帮企业进行转发和评论信息，使信息产生较大的传播效果与营销效果。图8-15所示为微博平台上的餐饮信息转发和评论。

◆ 图8-15　微博平台的餐饮信息评论和转发

因此，对餐饮企业或商家而言，其在微博营销中的所有活动都可以说是围绕粉丝这一主体而进行的，而餐饮行业营销效果的评价也会在很大程度上受到粉丝的发展和忠诚度的影响。

企业想要提高粉丝量，首先需要知道自身微博的状况，自己微博的粉丝量决定了微博的不同阶段，每个微博账号最多只能加2 000个关注。因此，企业当粉丝还没有到1 000的时候就要诚信互粉，到了1 000的时候就要开始清理关注的人了，把那些粉丝量少的清理掉。

随后，可开始进行微博定位，同时每天要有计划地发布内容，且这些内容要是原创的、有趣的和高质量的，在这样的传播影响下，粉丝量将迅速增长。当然想要提高粉丝量还需要掌握以下几点技巧。

（1）坚持原创，吸引志同道合的人关注。

（2）经常更新微博，不要半途而废。

（3）在活动的组织上，应该降低活动门槛，同时提升活动的组织频率，吸引更多的粉丝加入，提升微博平台的传播力，并在实践中不断提升餐饮企业或商家的话题策划能力。

（4）多与粉丝互动，积极 @ 别人并参回复、转发、评论和点赞。

（5）餐饮企业或商家还可以通过向知名微博投稿来推荐自己，需求活跃粉丝的关注与支持。

8.2.4 餐饮 O2O 微博营销之推广篇

关于怎样利用微博平台进行营销推广的问题是一个应该在具体实践中不断总结经验和不断在经验的指导下进行实践的问题。在此，主要从实践角度出发，具体介绍 3 种餐饮 O2O 微博营销的推广行为。

❶ 资讯宣传

资讯宣传有利于微信用户了解餐饮品牌的菜品和服务信息、优惠信息和餐厅其他信息，对这些信息进行宣传推广，可以极大地提升餐饮品牌的形象和形成良好口碑。

❷ 活动开展

在餐饮行业的发展过程中，在线上和线下开展活动是一种常见的促销方式，也是一种能够有力地吸引消费者关注的方式。而微博社交平台营销更是如此，"活动 + 奖品 + 关注 + 评论 + 转发"已经成为这一营销方式的重要方案之一。

❸ 信息预告

除了咨询宣传和活动开展外，另一种推广行为是预告信息的发布。基于微博这一大量信息发布的平台，可以对餐饮企业或商家接下来的美食信息进行宣传，为后期的营销提供预热；或者可以对餐饮企业或商家的订餐情况（如是否满员）进行预告发布，从而实现餐厅的有序经营和管理。

8.2.5 【案例】可口可乐：微博营销体验

著名的国际品牌可口可乐，在研究微博营销上花了大量的功夫。可口可乐发现，社交媒体——微博具有强大的商业化作用，于是便开始利用微博与用户进行情感互动，网罗大量粉丝，增强用户的黏性。

❶ 打造微博情感营销通路

打开社交媒体平台可以发现，美食分享方面的信息发布已经成为人们生活的常态，特别是选择发微博并 @ 相关朋友的分享信息发布方式为大多数人所喜欢。而这一点对于餐饮企业或商家而言，恰是线上媒体与线下消费结合的绝佳接触点。

正是因为这一发现，可口可乐曾在圣诞节到来前，选择了传统的互相传递情感的媒介——明信片来打造餐饮品牌——可口可乐与消费者之间的情感营销通路，构建和实践了一种社交媒体情感微博营销新模式。图 8-16 所示为可口可乐明信片的封面。

◆ 图 8-16　可口可乐明信片的封面

可口可乐从消费者乐于看到一些表现回忆和性格的文化元素出发，结合消费者的情感诉求，利用微博平台"@"传递活动消息的方式，通过明信片这一载体来实现情感的传递。

在这一营销模式中，微博营销与 O2O 实现了完美结合，它们共同为可口可乐餐饮品牌的打造贡献了力量。

❷ 搭建用户体验营销 APP

为了简化用户流程，可口可乐基于最大程度覆盖用户群的原则，在社交平台——新浪微博上搭建 APP，用以提升用户体验。

另外，在可口可乐的 APP 平台上，可口可乐还可以利用自动生成图片的功能，在发送博文的时候同步生成动画版圣诞贺卡，为众多用户提供方便的构图，向亲友传达祝福和圣诞问候。

8.2.6 【案例】黄太吉：微博账号运营

黄太吉是一家中式快餐食品公司，主营餐饮产品为煎饼果子和卷饼。就是这样一家以经营我国传统美食为主的餐饮企业，其经营者充分利用微博社交媒体的传播功能，在餐饮 O2O 模式的营销应用中取得了巨大的成就。图 8–17 所示为黄太吉煎饼的微博界面。

◆ 图 8–17　黄太吉煎饼的新浪微博界面

在这一微博界面上，包括 3 个基本组成部分，具体如下。

（1）主页。用户可以查询到黄太吉的基本信息和发布的热门内容。

（2）微博。用户可以在这一界面看到黄太吉发布的所有微博内容。

（3）相册。用户可以看到黄太吉餐饮品牌发布和存储的所有照片。

对于餐饮社交账号运营来说，其企业老板需要带头，亲力亲为，将自己与用户之间的关系弄得明朗一些，以朋友的身份进行交互，这样才能给用户亲切感，让用户有良好的用户体验。在这一方面，黄太吉煎饼的微博营销就具有典型性特征，具体分析如下。

首先，应该了解，在微博平台上，如果想要让用户为黄太吉说话，其前提是它的产品、服务本身真的有话题点，别人愿意来讲。从这方面而言，黄太吉积极制造服务特点，特别是在外卖服务方正，为用户制造了众多的话题点。

其次，在有了话题点的情况下，黄太吉老板亲力亲为查看用户"@"黄太吉的微博，并给予回复与评论，如图 8-18 所示。

◆ 图 8-18　黄太吉微博拉近与用户距离的营销策略

在微博互动方面，黄太吉也力求做到与用户拉近距离，尤其是注意微博评论回复的及时性——在微博上与黄太吉互动的人通常在两三分钟内就会看到回复。

专家提醒

在餐饮社群中，企业老板就是企业的形象代言人，所以，老板的正确形象应该是"可触摸，可聊天"的，让用户感到亲切感的，这样能够给用户一种温暖的气氛，触动用户的心理。

8.3 餐饮 O2O+ 二维码营销

对于消费者来说，二维码可以说"既陌生又熟悉"，作为曾经红极一时的营销利器，二维码随着 O2O 模式的兴起而再次被人们记起。如今，越来越多的电商开始利用二维码来连接用户与自己的产品，餐饮行业的二维码连接应用更是普遍。

而二维码的连接应用在很大程度上是通过微信、微博等社交平台来实现的，因此，本节将从社交营销的角度来重点介绍和详细剖析餐饮 O2O 模式应用中的二维码营销。

8.3.1 二维码与餐饮 O2O 的关系

在餐饮 O2O 模式应用中，沟通线上与线下互联的方式有多种，而目前的营销中，二维码是比较常见的互动媒介，如图 8-19 所示。

◆ 图 8-19　餐饮行业中的扫描二维码

相较于以前通过 PC 端实现线上与线下互动连接的情况而言，如今的通过移动终端等设备实现互动的方式更加符合消费者的便捷性、即时性的消费需求。

在这一消费需求驱动下，随着移动互联网技术和信息技术的发展，智能手机成为实现与线上虚拟平台进行交互的常见终端。

商家为适应这一商业形式的发展，基于线上的交易规则和商品性质，在编码技术的支撑下制成了包含商品信息的二维码图案，并在线下交易中，吸引消费者利用移动终端进行扫码，最终实现线下到线上的互动。

可见，二维码的这一形成过程其实是与 O2O 模式的营销过程有着相似之处的。通过二者的结合，商家可以打通线上与线下的连接。

且综合目前二维码的应用来看，可想而知，在餐饮行业领域范围内，二维码已经移动互联网环境下 O2O 的重要入口。

8.3.2 餐饮 O2O 二维码营销的原因

在餐饮 O2O 模式中，二维码的营销应用在不大量增加成本的情况下又有效地促进了营业额的增长，这是在餐饮营销领域越来越多的餐饮企业或商家选择二维码这一营销入口的主要原因。具体来说，这一情况的出现源于二维码营销应用的 3 个方面的特征，也可以说是餐饮 O2O 二维码营销应用的原因所在。

❶ 宣传成本方面

从宣传角度方面而言，宣传的媒介和宣传的过程是宣传成本产生的两个方面，因此二维码在宣传成本方面的支出减少也主要表现在这两个方面。

从宣传的媒介角度来说，传统的宣传在宣传媒介方面一般是纸质的宣传单、优惠券等，其制作成本比较高，且这类宣传媒介的损耗非常大，浪费严重，而通过二维码的应用，只要在合适的位置放置二维码图案，消费者利用移动终端扫描就可以详细地查看餐饮企业或商家的宣传信息和菜品信息，可以有效地降低宣传成本。

从宣传的过程来看，传统的宣传一般采用人力或高成本的媒体网络，二维码营销宣传彻底改变了这类方式，它采用全程电子化操作，通过短信、彩信、微信等进行定期宣传，在降低成本的同时又能更好地对宣传运营进行管理，可谓一举两得。

❷ 会员管理方面

在餐饮 O2O 模式中，餐饮行业的二维码会员管理呈现出了更加系统化、标准化和流程化的特征。其应用系统的载体是二维码积分标签，消费者通过移动终端扫码参与积分，并把这些积分信息汇总到会员管理系统中，如图 8-20 所示。

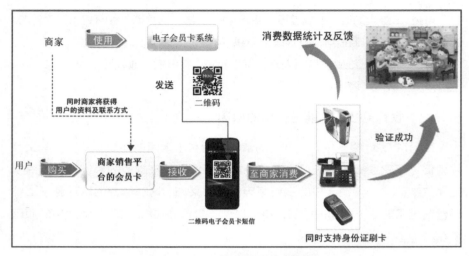

◆ 图 8-20　二维码扫描会员信息管理

　　而餐饮企业或商家通过基于餐饮会员管理系统的积分信息提供给消费者相关优惠折扣，促进消费者二次消费，这样，能够有效地提升消费者的忠诚度。

　　❸ 消费流程管理

　　在餐饮消费过程中，点菜到支付是其中最主要的环节，而传统餐饮采用的都是线下操作的方式，即消费者点菜→餐饮服务员记录→服务员上菜→消费者结算，这一整个流程都需要一对一的服务才能完成。

　　而利用二维码，除上菜环节外，其他都可以通过二维码来进行管理，实现线上一键式服务，这样在有利于餐饮企业或商家有序管理的同时，还可以提升消费者的用餐体验，最终推进餐饮营销的实现。

8.3.3　餐饮 O2O 二维码营销的方法

　　如今，二维码应用发展迅速，已经涉及人们生活的每个角落，且随着二维码应用在技术、终端等方面的突破，手机二维码市场几乎引领了企业营销的时尚，出现了各种各样运用二维码营销的方法。

　　下面就二维码营销应用的方法，从信息存储、证件调用、地图导航 3 种应用上进行具体介绍。

❶ 二维码备源信息存储

二维码营销几乎不限制空间，可以用来储存备援文件，携带很方便，保存时间又长，甚至可以影印传真，做更多备分且具有高密度、大容量、抗磨损等特点，所以更扩展了条码在备援方面的应用领域。如二维码便签多信就是其中一类，它是一款专门用来存储语音资料的软件，如图 8-21 所示。

◆ 图 8-21　二维码便签多信

多信是一类将便笺纸与二维码进行结合的应用，消费者只需扫描其上的二维码即可对信息进行存储。另外，它还有基于保护消费者隐私的设置密码服务。

❷ 二维码证件信息输入

这一营销方法在餐饮行业领域内的应用主要是"扫二维码变会员"活动，如图 8-22 所示。

◆ 图 8-22　"扫二维码变会员"活动

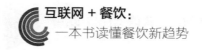

无须登记、签名等烦琐的过程，只要拿出手机扫一扫二维码，就能轻松地成为某餐饮企业的会员，无门槛地享受会员服务，这无疑是给用户和企业提供了方便。

❸ 二维码交通信息导航

如今，许多城市都推出了公交二维码查询系统。用户只需扫描二维码即可看到一张所在区域的地图，随时获取周围餐饮、娱乐、道路、公交信息和换乘信息。这无疑带给了出门在外的人一种方便和温暖。

在不少公交站牌上推出了二维码地图导航，游客凭借随处可见的二维码，一经扫描便可知道自己现在身处何方，附近有什么好吃和好玩的，距离下一个公交站还有多远等信息，如图 8-23 所示。

◆ 图 8-23　二维码交通信息导航

8.3.4　餐饮 O2O 二维码营销的优势

前面已经对餐饮 O2O 二维码营销的原因和方法进行了了解，下面就这一营销模式的优势进行具体分析，以便读者进一步掌握二维码营销内容，把握餐饮 O2O 二维码营销机会。

❶ 更有效的餐饮品牌推广

在餐饮 O2O 模式的应用中，二维码是打通线上线下的媒介，通过这一媒介，真正实现消费者与餐饮商家之间的全面互动。从这一角度来说，二维码是能有效地促进餐饮品牌推广的。

另外，从二维码本身来说，它是一个集聚了餐饮企业或商家的各种信息的识别平台，消费者在这一平台上可以利用手机扫描搜索和浏览相应的餐饮美食信息，无疑，这也是通过二维码实现对餐饮品牌的宣传推广。

❷ 更精准的营销效果实现

前面已经提及传统的餐饮品牌宣传采用的一般是派送传单的方式，而这种方式在浪费了人力物力的同时，因为其所选择的派发的对象具有不确定性，从而导致了餐饮企业或商家在精准营销的实现方面存在困难，自然，这种方式所产生的营销也将不是非常理想的。

而二维码的营销则不同，二维码本身就为餐饮企业或商家了解消费者资料提供了途径，在此基础上，二维码营销能够根据消费者信息的不同选用不同的营销策略，因此这种营销方式在精准性的把握和营销效果方面将产生不同于传统方式的巨大作用。

更重要的是，二维码营销还经常与 LBS 位置服务结合在一起使用，其结果将推动位置精准的线下门店在线上的宣传推广，并将有效地将线上流量导入线下，从而保证好的营销效果的实现，并最终促进餐饮 O2O 营销的发展应用。

❸ 更便捷的社交渠道打通

二维码在社交网络领域的营销应用是较受关注的，也是经常应用到的，人们通过社交网络平台的扫码功能，可以快速地接入餐饮企业或商家的信息，并能在社交平台上实现宣传推广，为营销构建一个开放的社交关系网络，打通便捷的餐饮 O2O 社交营销渠道。

8.3.5 【案例】二维码咖啡杯的创意接入

目前，二维码的应用与位置表现呈现了多样化的特征，餐饮行业的二维码更是对这一特征进行了完美地诠释，如阿拉伯的咖啡连锁品牌——Tim Hortons 把二维码打印在咖啡杯套上就是其中一例。

Tim Hortons 与阿拉伯报纸 Gulf News 合作，利用专门的打印设备，在其门店咖啡杯套上为消费者提供了与网络平台同步更新的新闻头条。这样，消费者在品尝咖啡时，会留意上面的头条新闻，但如果想要了解新闻头条的完整内容，

就需要用手机扫描二维码来获取，如图 8-24 所示。

◆ 图 8-24　Tim Hortons 咖啡杯的新闻头条二维码应用

利用这种与众不同的方式，Tim Hortons 咖啡店的营销业绩获得了快速增长，与 Gulf News 携手在营销领域实现了双赢。

从这一合作营销案例中，可以看出，在餐饮行业应用二维码，只是把二维码作为营销的创意标榜是不可取的，而是应该在二维码这一营销的创意模式下，做好二维码营销的线上与线下衔接，使得消费者能够主动去接触和扫描二维码，并能很好地接入移动互联网，实现真正的便捷、精准，只有这样才能实现和挖掘餐饮 O2O 模式的发展过程中二维码的营销价值和意义。

8.3.6　【案例】黄记煌：二维码营销打造

黄记煌是一家以"黄记煌三汁焖锅"为主打菜品的餐饮连锁企业，从其餐厅来看，它实践的是全中式的餐饮理念和表现出了传统的中式美食特色，这一理念首先表现在其餐厅内部装修风格上，如图 8-25 所示。

◆ 图 8-25　黄记煌的中式餐厅风格

除了餐厅风格外，黄记煌在餐饮运营模式方面更是有了深入的理念应用，具体如下。

▶ 标准化的中式餐饮标准。

▶ 健康与环保的模式创建。

在互联网和移动互联网的环境下，黄记煌紧跟时代潮流，在餐厅运营中加入了二维码元素，打造餐厅自身的二维码营销模式，具体如下。

❶ 实现二维码扫码联机下单

在黄记煌的二维码系统中，其信息内容包含菜单与菜品金额等，用户通过扫描二维码，可以实现移动终端的餐饮信息接入，进入黄记煌电子菜单主页，并在与 iPad 电子点餐系统联机的情况下下单，就可以在线上共同查看和商议所需菜品。这样的点餐方式使得消费者在使用时更加简单、方便。

❷ 打造二维码便携式优惠券

在餐厅优惠券的发布方面，黄记煌改变了传统的纸质模式和团购的凭证模式，通过使用二维码彩信优惠券，让消费者把二维码保存在手机中，并可以在使用时快捷方便地实现兑换和消费。而对于餐厅而言，这种方式在节约了成本的同时，又践行了其绿色、健康、环保的经营理念。

9
CHAPTER

APP 营销，互联网思维火爆来袭

随着移动互联网的发展，应用于餐饮行业领域的各类 APP 相继出现，在为餐饮商家提供营销平台和入口的同时，也为消费者提供了真正的便捷服务。本章将从理论内容和各类 APP 应用举例两个方面，对餐饮行业的 APP 营销进行一次综合论述。

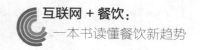
 餐饮 APP 的兴起

在移动互联网快速发展的时代环境下，各类 APP 也不断出现在移动终端的网络平台上，不断地被人们应用在社会生活中。与人们生活密切相关的餐饮行业类的 APP 更是多种多样，如团购类、外卖类和优惠券类等。下面针对餐饮 APP 的基本内容和各种类别的重点 APP 进行介绍。

9.1.1　什么是餐饮 APP

所谓"餐饮 APP"，主要是指应用于餐饮行业的 APP。它有狭义和广义之分。

狭义的餐饮 APP 是指餐饮行业的专业性的 APP，此种意义上的 APP 主要是各餐饮品牌自主开发的 APP，以及其他专门用于餐饮营销的整合类 APP 平台，如各类外卖平台、餐饮上门服务平台等，如图 9-1 所示。

◆ **图 9-1　狭义的餐饮整合平台类 APP**

广义的餐饮 APP 是指所有能够应用于餐饮服务的 APP 和 APP 上的平台界面。此种意义上的 APP 除了包括狭义的餐饮 APP 外，它还包括其他网络平台上的餐饮服务界面，如团购类 APP 上的美食界面，社交类 APP 上的本地饮食生活服务和支付类 APP 上的餐饮服务界面等，如图 9-2 所示。

在本章中，餐饮 APP 是指广义上的 APP 概念，它是为人们提供线上线下的基于移动互联网络平台的餐饮产品和服务的主要入口，与线下门店的餐饮服务构成了当今社会人们用餐选择的主要方式和途径。

◆ 图 9-2　广义的餐饮 APP 平台和平台界面

9.1.2　餐饮 APP 的营销模式

随着科技的进步及营销思维的发展，餐饮 APP 与广告之间的关系也发生了巨大的变化，表现之一就是创新了餐饮 APP 营销模式，下面对其进行举例说明。

❶ 广告链接模式

广告链接是一种最基本的餐饮 APP 模式。在此，广告一般是动态的，借助它们，广告主植入广告信息，用户在点击的状态下进入指定界面就可以查看感兴趣的餐饮产品和服务信息，如图 9-3 所示。

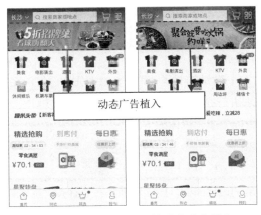

◆ 图 9-3　餐饮 APP 的动态广告植入

❷ 用户培养模式

用户培养营销模式主要存在于网站移植和品牌应用类 APP 上。其企业营销的基本过程如下。

（1）企业发布 APP 到应用商店内。

（2）智能手机用户搜索下载 APP。

用户培养模式，顾名思义，就是重点提升用户的忠诚度，培养忠诚的用户，在经常重复性的营销过程中提升对其他品牌的免疫力。在这一营销模式的应用过程中，增加用户对产品的了解和信心是营销实现的关键。

❸ 内容吸引模式

餐饮 APP 内容吸引模式的侧重点在于能够吸引人注意优质的内容，餐饮企业或商家通过对内容的优化创作达到吸引客户的目的，构建餐厅的客户关系网络，从而实现营销目的。

这是一种比较难把握和实践难度较大的营销模式，问题就在于内容的创意性、需求大等，因此，需要对现有餐饮企业或商家的信息和资源进行整合，应用各种方式挖掘其中有趣、有关和价值大的内容及信息。

9.1.3 餐饮 APP 的营销关键

如今互联网已进入移动互联网时代，各种餐饮 APP 介入了人们的用餐选择中，围绕餐饮 APP 进行营销的商家日益增多。发展到如今，餐饮 APP 已成为不少餐饮企业营销的重要渠道。那么，餐饮企业进行 APP 营销应该有哪些主要的关键之处呢？下面就这一问题从 3 个方面进行介绍。

❶ 消费者心理需求

餐饮企业在做 APP 营销的时候，第一点就得先定位好消费者心里所需要的，对消费者的心理需求进行充分了解和把握。基于这一关键点，餐饮企业在进行营销时应注意从两个方面着手，具体如下。

（1）分析和挖掘消费者内心需求和渴望点。

（2）基于消费者心理分析上的产品契合度。

也就是说，在营销运营前期，应该对消费者心理和产品的贴合进行整合提升，做到双赢。

❷ 产品创意的塑造

餐饮企业想要做出一个成功的 APP 营销，那么绝对少不了创意。一个好的创意决定了产品的优化品质，而产品的优化品质又可使得消费者接受餐饮企业或商家的 APP。

从餐饮行业的营销角度而言，其明显的特征要求是实用性强，能为消费者提供良好的生活服务。因此，在开发 APP 时，应该从实用性出发，对产品进行聚焦，在 APP 与产品之间寻求一个有创意的结合的关键点。

❸ 推广方式的选择

餐饮企业在做 APP 营销时，千万不要因为是"免费"的方式，就胡乱推广，那样很有可能既没有盈利，还拉低了餐饮品牌印象。因此，餐饮企业应找准自己产品的定位，选择适合自己的推广方式，那样将便于口碑和品牌形象的传播。

9.1.4 餐饮 APP 的营销技巧

在移动互联网时代，餐饮行业的 APP 在营销领域的应用越来越普遍，在这一发展情形下，餐饮 APP 怎样才能获取更多的用户以获得竞争的优势成为众多餐饮从业者需要思考的问题。关于这一问题的解答，可从创意这一角度着手，充分挖掘 APP 的营销价值。

❶ 把握生活细节

营销的实现其实是对人们生活需求的满足，餐饮企业或商家可从这一角度出发，具体思考消费者用餐过程的各种生活细节需求，并对未被满足的细节需求进行填补，再结合产品或服务进行营销，这样才能很好地提升消费者体验。

星巴克的 Early Bird 就是这一技巧的典型应用。消费者可以下载 Early Bird 充当闹钟，用户在闹铃响起后的 1 小时内走进星巴克线下门店，对该 APP 进行验证，就可以实现优惠消费。

❷ 线上线下互联

在这一营销策略中，二维码作为一个重要的媒介，为餐饮 APP 营销贡献力量。利用 APP 二维码扫描，连通线上与线下，这样就可以实现线上到线下的引流，从而解决目前餐厅线下活跃度不够的问题。

就"可口可乐"品牌而言，它推出CHOK，在指定的线下区域内通过线上APP在电视节目中抓取"可口可乐"瓶盖，活动结束后，线上APP将公布获奖结果，并获得奖品。这一营销举动，将很好地活跃可口可乐的营销环境，促进营销实现。

❸ 个性化的服务

在餐饮APP平台上，餐饮企业或商家可以基于整合的消费者信息为他们提供个性化的产品或服务，这是获得竞争优势和提升用户体验的有效途径。

在这一技巧方面，21cake为众多餐饮从业者提供了很好的借鉴。21cake推出的APP在个性化的产品和服务方面，可从以下两个方面表现出来。

（1）蛋糕订购。实现随时随地的订购和指定地点送达。

（2）客户选择。根据不同口味和不同适用对象选择。

9.2 团购 APP 的发展

价格一直是影响消费者交易的主要因素，而团购网站就是从这一方面出发而推出的全新营销方式。在这一营销方式中，企业或商家基于薄利多销的理念，在低于零售价格的营销环境中给消费者提供了优质的服务。

对于餐饮行业而言，团购网站利用其商品或服务让利赢得了广大消费者的关注。下面通过一些具体的团购APP介绍来了解团购平台的发展概况。

9.2.1　大众点评的口碑营销

大众点评网的成立时间较早，早在2003年，其PC端平台就正式上线。随着数十年的发展，大众点评已经成为国内影响力较大的移动互联网公司之一。图9-4所示为大众点评APP及其主页。

由图9-4中可知，在大众点评APP上，用户可以使用的功能十分全面，几乎包括所有的本地生活服务行业。美食团购是这一APP界面上的重要功能应用。

大众点评APP属于团购形式的生活平台，其在营销上采用的是其他众多平台所没有的点评式口碑营销。通过用户之间的点评来产生营销效果，将平台全部交给用户和商家，由用户点评出最喜欢的商家或者商品。图9-5所示为大众点评APP关于美食的点评界面。

◆ 图 9-4　大众点评 APP 及其主页

◆ 图 9-5　大众点评 APP 用户的美食点评界面

　　除了点评产生的口碑营销效果之外，大众点评 APP 也为用户提供了真正优惠的多类型营销活动。

9.2.2　美团网深耕线下市场

　　美团网是团购网站中的典型代表，为众多商家和消费者所关注和利用。图 9-6

所示为美团网 APP 及其主页。

◆ 图9-6　美团网 APP 及其主页

美团网宣传"团一次，美一次"的理念，基于此，其致力于从商家和消费者两个方面来进行营销思考，整合平台资源，具体如下。

（1）消费者角度。为消费者推荐最值得信赖的商家，从而使得消费者能够获得低价和优质的产品或服务。

（2）商家角度。通过各类资源整合为商家提供最具潜力的消费者信息，使商家在互联网平台上得以推广。

在美团团购 APP 平台上，美食团购是一个非常重要的领域，也为人们提供了餐饮消费的诸多便利和优惠。而随着美团团购 APP 的发展，它逐渐形成了一个包括"购买→消费→评价→影响其他人"等在内的网络平台。

发展到现在，美团早已不局限于团购领域，特别是在餐饮 O2O 模式应用中，它显然已成为深耕本地化生活服务线下市场的垂直 O2O 平台。

9.2.3　糯米网运营精品服务

百度糯米是居于我国前列的团购网站，其所推出的百度糯米 APP 是一个以向消费者提供本地精品生活服务的团购应用，如图 9-7 所示。

在百度糯米的营销理念中，品牌和服务是其运营的两个中心点。它凭借着百度平台巨大的技术优势和庞大的流量入口，致力于品牌和服务的提升，试图为消费者提供"省钱更省心"的团购服务和更精准的消费引导，实现移动互联网时代全新的团购服务体验。

◆ 图 9-7 百度糯米 APP 及其主页

9.3 外卖 APP 的覆盖

在移动互联网时代，"懒人经济"理念获得了快速发展，由此可知，外卖 APP 的兴起也就在预想之中了。目前，许多的外卖平台和应用入口得以出现和发展，并被越来越多的用户所喜欢和应月。图 9-8 所示为现今主要的外卖平台。

◆ 图 9-8 主要的外卖平台

9.3.1　饿了么：主打订餐与快速配送服务

饿了么 APP 属于网络订餐服务型平台，目前是国内影响力较大的餐饮 O2O 平台之一。平台于 2008 年 9 月正式上线，经过一段时间的发展，截止 2016 年 4 月，APP 已进入超过 260 个城市。

饿了么 APP 主要是通过外卖服务来突出企业品牌的功能性，从根本上解决用户的饥饿问题，快速满足用户最基本的生理需求——吃。其核心功能就是通过位置定位为用户提供订餐服务。图 9-9 所示为饿了么 APP 的用户订餐服务界面。

在外卖领域，饿了么除了为用户提供快速点餐和选择的功能之外，在配送方面它也是主打快速送餐服务。用户可以通过 APP 及时了解订单的配送情况，比如订单提交情况、商家接单情况、配送方式、配送人员信息等。

◆ 图 9-9　饿了么 APP 的用户订餐服务界面

另外，为了留住 APP 用户，饿了么 APP 还经常推出各类活动，其中最为常见的就是红包活动，通过给用户赠送红包的形式来提升用户的使用次数。

9.3.2　百度外卖：优势利用打造外卖平台

在百度推出的多领域 O2O 平台中，百度外卖是百度发力 O2O 领域的主要平台。在 2014 年推出之后，百度外卖平台的发展较快速，截至 2016 年 5 月，百度外卖 APP 已经有 3 000 多万注册用户。

需要注意的是，百度外卖 APP 只是百度外卖订餐的多条渠道之一，用户还可以通过 PC 端网站、微信公共账号及百度地图的相关功能来实现订餐服务。

从 APP 功能和服务方面来说，相比于其他渠道，用户通过百度外卖 APP 可以获得更为方便、快捷、贴心的外卖订餐服务。

而从 APP 营销方面来看，百度外卖 APP 的特色主要是向用户推出各种各样的优惠活动，同时所有的优惠活动覆盖百度外卖的所有外卖品种。图 9-10 所示为百度外卖 APP 上推出的各类营销活动。

除了多类型的营销活动之外，品牌餐饮企业的批量入驻进一步提升了百度外卖 APP 的独特资源优势，这也是百度外卖 APP 在市场中与同类型平台进行竞争的主要依靠。

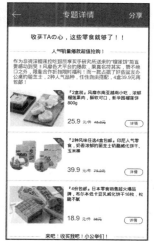

◆ 图 9-10　百度外卖 APP 上推出的各类营销活动

9.3.3　到家美食会：一站式外卖平台打造

在餐饮 O2O 领域内，到家美食会全面诠释了 O2O 模式——为消费者和餐饮企业或商家提供一站式订餐及配送的服务平台。图 9-11 所示为到家美食会订餐界面。

到家美食会 APP 平台以为消费者提供优质的外卖服务为总体目标，并对其做了具体解释，即让消费者能在期望的时间和地点享受到自己喜欢的餐厅的菜品和服务。基于这一总体目标和具体目标内容，到家美食会创建了具有一站式外卖服务特色的方式——"送餐到家，服务到家"，从而逐渐形成了"宅"生活的订餐服务平台。

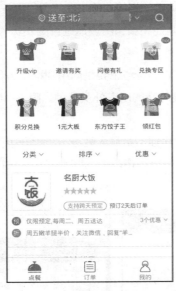

◆ 图 9-11　到家美食会订餐界面

具体来说，到家美食会是随着"宅"生活的流行而出现的外卖领域全新的经营模式和精细的服务方式。它以用户的需求为出发点，致力于独具特色的餐饮外卖品牌的建设。

经过几年的发展，目前，到家美食会已与众多餐饮品牌建立了"平台＋企业"的合作关系，从而使得消费者可以通过 APP 入口，享受到优质的外卖订餐及配送等方面的服务。

9.4　实用的优惠券 APP

优惠一直是人们比较关注的消费领域的话题，针对这一情况，O2O 市场推出了专门的优惠 APP，以期提供给人们更多关于优惠方面的信息，在为消费者提供实惠、方便的同时也将促进企业或商家的营销发展。在此，围绕优惠券 APP，具体介绍餐饮行业领域内将会涉及的移动终端应用。

9.4.1　布丁优惠：更广、更省的优惠实现

布丁优惠是一款为消费者提供餐饮品牌优惠券的 APP，这些餐饮品牌包括肯德基、麦当劳、必胜客、呼哺呼哺等，且布丁优惠可以利用电子优惠券实现全国

范围内的使用，如图 9-12 所示。

◆ 图 9-12　布丁优惠券

在布丁优惠券的应用过程中，其使用方式可以分为两类，具体如下。

（1）商家支持电子优惠券场景。消费者只需在用餐时出示移动终端上的电子优惠券即可享受优惠。

（2）商家支持纸质优惠券场景。消费者需要通过电子邮箱把电子优惠券打印出来才可以享受优惠。

由上可知，布丁优惠券通过普及应用的智能手机，使得消费者在使用时可以随时发现和使用，真正实现了省钱、实惠，这是从消费者的角度来看的；而从商家的角度来看，布丁优惠 APP 是一款整合了众多信息和资源的应用，因此，它能够使得商家的优惠信息能够更快速地被消费者发现，进而实现营销。

9.4.2　口袋优惠：便捷、整合的优惠资讯

在微信公众平台上，可以应用在餐饮行业的优惠 APP，那就是口袋优惠。该 AFP 能为用户提供包括美食在内的众多优惠资讯。图 9-13 所示为口袋优惠界面。

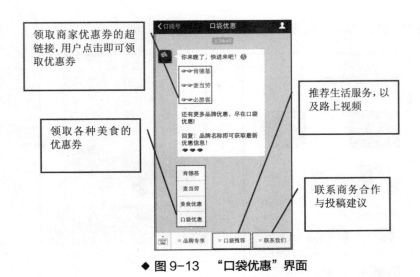

领取商家优惠券的超链接，用户点击即可领取优惠券

领取各种美食的优惠券

推荐生活服务，以及路上视频

联系商务合作与投稿建议

◆ 图9-13 "口袋优惠"界面

"口袋优惠"微信公众号为优惠券大集合，集众多知名连锁品牌优惠活动于一体。旨在提升品质生活的同时，为用户真正的省钱，点餐前出示即可。

对于就餐用户来说，没有什么东西能够比得上餐厅或饭店的优惠券更吸引人。且在微信平台上，用户只要收进电子优惠券，在具体餐厅里就不需要排队去选购或咨询，非常快捷、方便。对于餐饮品牌来说，不仅降低了运营成本，而且提高了店内的下单速度，同时能够维护客流量。

Wi-Fi 营销，餐饮 O2O 的入口应用

在餐饮行业营销进入了移动互联网平台后，越来越多的营销入口得以发现和推出，Wi-Fi 这一网络连接形式就是其中之一。本章具体介绍餐饮 O2O 模式下的 Wi-Fi 营销，内容包括其营销模式、作用、策略和经典案例等方面。

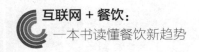
10.1 行业运营，解读餐饮 O2O+Wi-Fi 模式

在餐饮 O2O 模式应用和推广过程中，利用 Wi-Fi 进行商业运营的方式是一种基于移动互联网和通信技术的发展而产生的商业模式。就目前利用 Wi-Fi 的餐饮行业现状而言，其主要的营销模式根据其特点的不同可分为商业营销模式、免费营销模式和定向营销模式，下面将就这些模式类别进行具体介绍。

10.1.1 Wi-Fi 商业营销模式

现阶段，我国 Wi-Fi 应用的商业营销模式，主要分为 5 种，具体内容如下。

❶ 单一广告模式

单一广告模式，就是企业只通过广告来推广产品，以广告的方式来打响品牌知名度，提升在市场的影响力。

这一种模式是 Wi-Fi 商业营销模式中最简单、直观的，在国内，许多商户都选择通过这种营销方式获取经济收益。

❷ 广告 +CRM 组合模式

相较于单一广告模式而言，广告 +CRM 组合模式是基于广告模式上的延伸。这种合作的营销模式，为商户提供了获取用户需求，实现精准营销的机会与平台。图 10-1 所示为广告 +CRM 组合模式的简单分析。

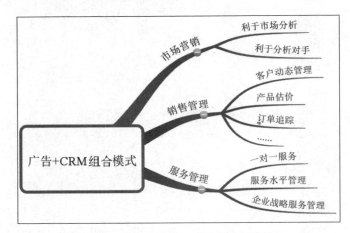

◆ 图 10-1 广告 +CRM 组合模式

❸ 广告 +APP 组合模式

同广告 +CRM 组合模式，广告 +APP 组合模式也是基于单一广告模式的延伸。这种营销模式充分利用智能手机迅猛发展状况，积极创立品牌 APP 来实现更便捷的营销接入，从而获得更多盈利。在餐饮行业，这一商业营销模式受到众多餐饮品牌经营者的青睐。

❹ APP+CRM+API+ 广告组合模式

API 的开放，是企业实行 Wi-Fi 营销的全新体验，例如，无线定位就是一种全新尝试。API 系统主要功能是为软件开发人员提供某一硬件设备的访问权限，可详细了解内部工作。

实际上，"APP+CRM+API+ 广告组合模式"的策略与单一广告模式区别不大，只不过是在此基础上进行了一定程度的延伸，通过 APP 和 API 系统与 CRM 系统的对接，企业可实现对老客户的再次营销推广，从而进一步获取增值空间。

❺ 支付宝连接模式

这是一种利用支付宝客户端连接 Wi-Fi 的商业模式，从某种角度来看，与其说是支付宝给餐饮企业或商家带来了盈利，不如说是餐饮商户给支付宝线下活动创造了机会与平台。

利用这种商业模式进行营销，消费者只需在付款时拿出手机连接商场的免费 Wi-Fi 即可使用支付宝付款，而餐饮企业可以选择性地向消费者展示自家产品、公众号和一系列优惠活动。

10.1.2 Wi-Fi 免费营销模式

信息化时代的今天，走在街上免费 Wi-Fi 随处可见，不足为奇。那么，这些商家是如何实现免费 Wi-Fi 营销的呢？免费 Wi-Fi 营销模式，分为 3 种，具体如下。

❶ 广告植入模式

免费 Wi-Fi 广告植入模式，是有着多种实现方式的，其中较常见的一种就是在 Wi-Fi 登录页面为商家提供广告植入的空间，从而使得商家信息能够在第一时间就被消费者关注到。

此外，个别商家除了在免费 Wi-Fi 登录页面抢占广告位之外，还会强制要求用户必须输入其广告语或是品牌名称才能使用免费 Wi-Fi。

在这一过程中，有利于商家二次宣传自家品牌及产品，强化广告推广最终成效。但是这种方式有时容易让消费者产生厌烦情绪，因此，须谨慎使用。

❷ 短信认证模式

目前，如星巴克、麦当劳、必胜客等餐厅都是用短信认证进行 Wi-Fi 营销。这是一种从实现方式角度来进行分析的免费 Wi-Fi 营销模式。

具体来说，手机短信认证是一种通过接入手机，然后利用短信获取上网密码的营销认证方式。其作用就在于能够获取消费者的手机号码等联系信息，有利于餐饮企业或商家实现系统、综合的客户管理。

❸ 微信引流模式

微信账号认证是一种利用社交媒体软件——微信扫描餐饮企业或商家的二维码来获取 Wi-Fi 密码的认证方式。其作用就在于能够通过消费者的认证来收集和管理用户信息，为实现精准营销提供前提条件。

在这一模式中，商家还可以通过推广自家的微信"公众服务号"进行会员引流，增加企业盈利。以温鼎精致火锅为例，消费者在进行消费行为的过程中，只需拿手机扫描店铺内的二维码，增加商家微信好友，商户公众号即可自动向消费者推送店铺免费 Wi-Fi 密码，以及店铺优惠活动等其他服务。

免费 Wi-Fi 中的手机认证营销与微信认证营销都能够实现对用户数据行为的分析，企业可以根据用户信息改善与优化自身营销策略。

10.1.3　Wi-Fi 定向营销模式

对于 Wi-Fi 营销而言，Wi-Fi 广告是一种全新的广告营销模式，具有巨大的发展优势，其原因就在于它具有定向性。这一特征在营销模式上主要体现为 3 种方式，具体内容如下。

❶ 地理定向模式

Wi-Fi 营销广告的地理定向模式，是指商户利用 Wi-Fi 热点特征实现地理定向地 Wi-Fi 广告推送。

例如，餐饮类企业可在机场、火车站这类人流量密集的区域进行定向性地产品或服务推广，并以此来征集和了解目标用户的消费需求和消费习惯；可针对机场、火车站等 Wi-Fi 热点目标客户群体，来推送广告。

❷ 地图定向模式

在此，地图是指电子地图。Wi-Fi 营销广告的电子地图定向模式是一种实现了无线网络与广告推送技术融合的营销方式。它帮助商户能够更加近距离地贴近商圈附近的用户，为用户提供免费 Wi-Fi，构建电子地图引流渠道，引导连接 Wi-Fi 热点的用户到商户实体店消费，如图 10-2 所示。

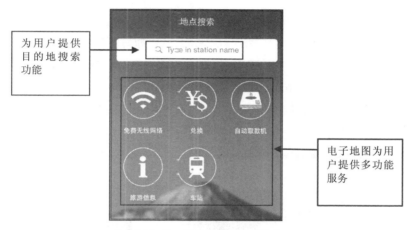

◆ 图 10-2　电子地图定向模式

❸ 主页定向模式

Wi-Fi 营销广告的主页定向推送，其基本着力点就在于个性化、差异化的主页设置。在供用户登录与连接 Wi-Fi 的位置，放置醒目且富有个性化的商户广告，能够让用户第一时间接收到商户最新信息、优惠活动等，同时个性化的页面也更具冲击力，利于展现品牌特色。

10.2 行业发展，剖析餐饮 O2O+Wi-Fi 作用

移动互联网时代，对于餐饮企业而言，实行 Wi-Fi 营销战略，是帮助企业

强占用户资源入口，实现精准营销的绝佳途径。

因此，餐饮企业在开展 Wi-Fi 营销过程中，必须在遵循提升餐饮企业主动性、实现精准性营销和打造个性化营销的原则基础上，进行积极的企业运营和品牌推广，只有这样才能充分挖掘和发挥餐饮 O2O+Wi-Fi 的营销作用。

10.2.1　餐饮 O2O+Wi-Fi 营销助力企业品牌

提升品牌形象，是餐饮企业达到用户引流、实现精准营销目的后的必然趋势。品牌形象是衡量一个企业在消费者心中口碑的最好证明，是企业区别于其他同类型商户的重要凭证。

在同行业竞争中，良好的企业形象能够为企业实行口碑营销和实现用户引流创造机遇和条件，是反映企业产品质量与价值的重要因素。也就是说，在餐饮企业 Wi-Fi 营销中，务必重视对自身品牌形象的管理与建设。

例如，日本麦当劳实行的 Wi-Fi+O2O 营销模式，在实现企业精准营销的同时，也在消费者心目中树立了良好的品牌形象。

日本麦当劳利用移动端设备为旗下用户发送企业相关电子优惠券，实现用户引流，如图 10-3 所示。

◆ 图 10-3　麦当劳优惠券

这一 Wi-Fi+O2O 营销模式的推出及应用，很快打通了麦当劳线上线下营销的闭环，消费者纷纷拿着手机端电子券到线下实体店消费，短时间内使得麦当劳盈利额迅速增长。

除了通过电子优惠券打通线上线下闭环、实现用户引流外，麦当劳开始考虑利用电子优惠券实现对消费者的定向营销。也就是说，通过对消费者行为数据的分析，实行企业 Wi-Fi+APP 营销模式下的电子优惠券定向发放和产品定向推送服务。

麦当劳的 Wi-Fi+O2O 营销模式广受好评，被业界称为"餐饮业中最成功的O2O 营销案例"，不仅受到同行业的争相效仿，同时也在很大程度上提升了麦当劳企业在消费者心目中的品牌形象。

10.2.2　餐饮 O2O+Wi-Fi 营销提升企业主动性

Wi-Fi 营销模式应用于餐饮行业中将很大程度提升企业营销主动性，主动性营销是企业积攒用户资源的最佳途径。

例如，著名饮料品牌可口可乐公司推出了 Wi-Fi+ 大数据营销模式，通过主动的用户数据和产品销售数据等多种数据的收集与分析，为用户提供定向服务，保证品牌服务与消费者实际需求能够最大化吻合。

面对越来越激烈的同行业市场竞争趋势，可口可乐公司意识到必须提升自身主动性，实现对产品的主动推广。而想要保证这一理念的有效践行，那么，在正式进行产品推广前，首先需要了解企业的营销现状、市场发展现状和消费者需求现状。

而就目前的形势而言，可口可乐在 Wi-Fi+ 大数据下的营销模式主要可从以下 4 个方面着手。

- ▶ 整合用户资源，扩大引流范围。
- ▶ 优化内部管理，提升企业价值。
- ▶ 实现业务拓展，拓展销售范围。
- ▶ 重组和打通企业产品销售渠道。

在上述 4 个方面的模式引导下，利用 Wi-Fi+ 大数据实现用户引流和企业精准营销是一种行之有效的营销范式。同时，可口可乐公司还通过改变企业内部管理模式和生产模式来优化及改善整体水平，实现对生产成本的控制及对内部员工的管理。

10.2.3　餐饮 O2O+Wi-Fi 营销提升定位精准性

Portal 用户认证是当前商用 Wi-Fi 营销模式中商家最常用的用户引流渠道

之一，这种认证方式能够帮助商家轻松获取和积攒用户资源。

在这一认证模式下，消费者想要连接商家 Wi-Fi 就必须先输入自己的手机号等个人信息，这一消费者行为系统将自动将其保存下来，最后反馈到商家 Wi-Fi 管理系统后台中，助力餐饮企业或商家进行消费者数据分析，达到流量引导、定向营销及精准营销的目的。

例如，肯德基的 Wi-Fi 营销模式，用户想要连接店内的 Wi-Fi，就需要在登录页面中输入自己的手机号等信息，来获取验证码，从而实现 Wi-Fi 连接。

而随着随身 Wi-Fi 的大范围普及，一种更符合消费者希望简单接入网络的需求商用 Wi-Fi 营销模式出现了，那就是 Wi-Fi+ 二维码营销，如图 10-4 所示。

◆ 图 10-4　餐饮行业 Wi-Fi+ 二维码营销

Wi-Fi+ 二维码营销模式的出现在很大程度上提升了企业员工的工作效率，是影响企业营业额的关键因素。有了企业二维码，消费者想要连接店内 Wi-Fi，只需通过二维码扫描即可实现连接，无须再去询问店内员工。

例如，用户连接 Wi-Fi 扫描二维码打开"丁丁优惠"APP，即可自行选择想要去的餐厅，查看是否有优惠折扣。

Wi-Fi+ 二维码省去了用户输入个人信息和接收短信验证码的时间，对于企业而言是一种很好的引流渠道，而且不会对餐饮企业的定位和营销精准性的实现有任何不利影响。

10.3 营销实现，探究餐饮 O2O+Wi-Fi 策略

在餐饮 O2O 模式的推广应用中，各餐饮企业或商家利用各种途径和渠道来实现营销目的，利用 Wi-Fi 就是比较常见的一种。那么，在 O2O+Wi-Fi 营销中，餐饮企业或商家究竟有哪些实现策略和途径呢？本节将就这一问题进行具体介绍。

10.3.1 餐饮 O2O+Wi-Fi 营销策略三要素

餐饮 O2O+Wi-Fi 营销，从根本上来说，就是围绕用户这一中心而进行的营销。在此，用户是企业盈利的来源和基础，在营销过程中，必须注重用户体验和用户感受。而餐饮企业或商家围绕用户这一中心，制定了具体的企业营销战略，内容如下。

（1）专业化战略。专业化的战略发展方向主要表现在4个方面，即用户、垂直、产品和销售，从这些方面出发，实现全面的企业专业化发展。

（2）追随者战略。这一战略内容包括市场发展战略、市场分化战略、竞争导向战略等。

（3）市场竞争战略。其内容主要涉及个性化营销、特色化营销、战略目标营销和竞争对手挑战等诸多方面。

（4）企业营销目的。通过上述3个方向的战略发展，其最终目标表现在4个方面，即扩大市场份额、提升企业盈利、扩大销售市场和增强用户引流。

在上述战略内容中，从营销角度来说，它包括用户引流、取名和原则等3个关键要素，具体如下。

❶ 前提：用户引流

移动互联网时代背景下，信息传播速度超出人们想象，这种快节奏的网络传播无论对用户还是企业来说都是十分有益的。用户是营销的核心，企业获取海量用户流量的前提就是学会如何引流。

对于 Wi-Fi 营销而言，口碑营销十分关键。以小米随身 Wi-Fi 为例，用户体验是衡量产品好坏的最核心标准。随着移动互联网的迅速发展，网络购物成为一种潮流，用户选择产品时，产品评论将直接影响产品销量，是用户挑选产品的主要依据。

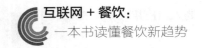

除了口碑引流外，商家还可以通过其他方式实现引流，如落实用户需求、树立企业形象、增强用户体验度、提升企业转化率、扩大产品搜索渠道及重视企业与用户沟通等。

❷ 策略：名称设置

Wi-Fi 名称，就如同一个企业的大门，是吸引用户的第一通道。个性化、形象化的 Wi-Fi 名称能够最大限度地吸引用户的注意，从而实现引流。

在 Wi-Fi 营销中，最常用的名称设置策略分别为"品牌直接"式、"区域覆盖"式及"引导直连"式，具体内容如下。

（1）"品牌直接"式。它是最为基础的 Wi-Fi 名称营销方式，通常各大企业、酒店、餐厅都会选择直接使用自身品牌进行 Wi-Fi 名称设定。

（2）"区域覆盖"式。这种策略方式主要应用于大型商场等公众场所。当消费者走进 Wi-Fi 覆盖区域时，系统将直接向用户发出广告，吸引消费者连接 Wi-Fi，当消费者成功连接商场 Wi-Fi 后，商家各种打折活动及宣传广告将自动弹出，通过这种方式实现精准营销。

（3）"引导直连"式。是指用户在企业引导下，通过简单操作，实现网络连接，享受无线网络。以无线猎手为例，它就是一款操作简单、一键直连的公共 Wi-Fi 热点工具，用户无论是在机场、地铁还是商场都能够使用无线猎手进行 Wi-Fi 免费连接。

❸ 关键：连接原则

随着智能手机与 Wi-Fi 的盛行，越来越多的免费 Wi-Fi 出现在我们周围，围绕着我们的日常生活与工作。一方面，免费 Wi-Fi 为用户带来了便捷；另一方面，Wi-Fi 安全隐患也随之增加。

杜绝 Wi-Fi 隐患，从某种角度上来说，不仅仅是个人用户需要注意，与此同时 Wi-Fi 供应商及企业和各个商户也需要高度重视。因此，从用户、企业和供应商 3 个方面把握 Wi-Fi 连接原则十分重要，具体如下。

（1）用户——保护个人隐私安全。注意在连接过程中谨慎使用与自身隐私相关的功能，特别是涉及个人财产的支付功能。另外，还应该更多地关注相关方面的资讯信息，更好地了解 Wi-Fi 连接利弊。

（2）企业——提供连接优势服务。对于一些中小型企业而言，Wi-Fi 设备的安装与管理并不是他们的强项，因此为企业提供智能化的设备管理是必不可少的。

（3）供应商——提供全面技术支持。可以说，企业想要通过 Wi-Fi 提升品牌知名度与经济效益，选择一个好的 Wi-Fi 供应商十分关键。供应商将借助自身强大的技术开发优势与能力，为企业提供最优的设备支持，如图 10-5 所示。

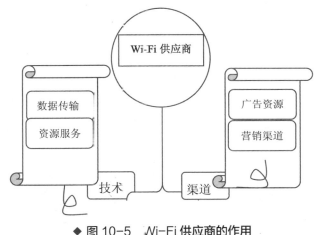

◆ 图 10-5　Wi-Fi 供应商的作用

10.3.2　餐饮 O2O+Wi-Fi 营销创新策略

创新，是企业实现精准营销的出路，是引领企业发展的动力，只有创新才能在同行业中博得头筹。利用 Wi-Fi 在餐饮 O2O 模式下进行的创新性营销，主要包括 3 个方面的内容，具体如下。

❶ "Wi-Fi 伴侣"创新营销

这是一种与运营商合作的营销模式，主要是通过向运营商购买移动数据流量并将其提供给用户使用，以此来实现 APP 产品用户引流。

在这一营销模式中，企业采用动态分发技术，通过从电信运营商购买海量流量数据提供给用户，在流量提供过程中，企业让用户共享出自己的 Wi-Fi 热点获取商家奖励，以积分来换取话费。

❷ "WiFiMAX"自主营销

"WiFiMAX"是由南京一家 Wi-Fi 路由器供应商提出的企业自主营销模式，

为企业营销提供了自主平台。

现阶段，WiFiMAX 还实现了"Wi-Fi+ 支付宝"的联合营销模式，致力于抢占移动互联网流量新入口，为企业开展 Wi-Fi 营销提供了多元化平台。

❸ "公共 Wi-Fi" 推送营销

当用户使用公共 Wi-Fi 浏览微信、微博等社交平台时，商家系统将自动将用户归纳于企业粉丝群中。商家通过向用户推送广告，达到营销和产品推广的目的，如图 10-6 所示。

◆ 图 10-6　商家推出的免费公共 Wi-Fi

10.3.3　餐饮 O2O+Wi-Fi 营销途径

利用 Wi-Fi 进行营销，其流量费用问题一直以来都困扰着各大 Wi-Fi 营销商。在保证用户数量和提升品牌收益的双重要求下，Wi-Fi 流量间接收费、捆绑收费的营销方案陆续推出，最大程度满足了企业需求。可以说，解决了 Wi-Fi 流量问题，就相当于打通了 Wi-Fi 营销的最直接道路。

关于 Wi-Fi 流量营销，其主要方式有两种，具体内容如下。

❶ 捆绑式营销途径

通常，我们将 Wi-Fi 捆绑式营销战略分为间接收费与捆绑收费两部分。

（1）间接收费营销模式。根据其主导企业的不同，可分为以运营公司为主和以双方合作为主两种模式。

以运营公司为主的流量间接收费模式，主要是指在营销过程中 Wi-Fi 营销商只负责提供 Wi-Fi 流量，之后由运营公司通过广告推广等方式将信息传播，从而实现营销。

以运营公司和 Wi-Fi 营销商合作为主的间接收费模式，是指由运营商提供流量数据，Wi-Fi 营销企业负责产品营销，通过双方合作，实现双方的收益的精准营销。

（2）捆绑收费营销模式。即运营商与互联网平台共同打造的"流量统付"的联合营销模式。它的推出，促使流量营销呈现多元化趋势发展。

❷ 定向式营销途径

运营商与互联网企业的定向式联合营销途径，在推动互联网公司发展的同时，也使其自身的盈利得到了增长，具体如下。

（1）实现用户引流。

（2）增加用户黏性。

（3）提升企业转化率。

10.4 案例呈现，深入餐饮 O2O+Wi-Fi 应用

Wi-Fi 营销，是帮助餐饮企业实现用户引流和精准营销的最直接渠道。下面通过餐饮业 Wi-Fi 营销实战案例，对 Wi-Fi 营销进行深入解剖。

10.4.1 【案例】达美乐：连接 Wi-Fi 聚焦体验与品牌

最早成立于美国的连锁比萨品牌达美乐，早前推出了一款名为"Dominoʹs Pizza Hero"的手机 APP 应用。用户可以直接连接 Wi-Fi 实现线上订餐，同时还提供休闲娱乐活动，通过精美、逼真的画面，帮助用户体验制作比萨的过程，如图 10-7 所示。

通过 Wi-Fi+APP 营销模式，达美乐比萨将聚集更多的品牌人气，具体如下。

（1）提升品牌形象。

（2）可提升用户感受。

（3）利于品牌实现二次消费。

（4）利于品牌实现口碑传播营销。

（5）增加商户与消费者之间的互动。

◆ 图 10-7　用户亲自制作比萨画面

10.4.2　【案例】海底捞：推出 Wi-Fi 实现安全与实用

随着 Wi-Fi 使用习惯的普及，餐饮品牌企业海底捞迅速做出反应，通过与树熊网络合作推出商用 Wi-Fi 营销。

海底捞基于其 Wi-Fi 网络技术上的优势，致力于为消费者提供一个更便捷、安全、稳定的餐饮网络环境，具体表现如下。

❶ 网络环境

海底捞商用 Wi-Fi 的应用提供给了消费者更好的网络环境，其明显在用户体验和服务响应速度等方面相较于普通 Wi-Fi 来说更有优势。

更重要的是，对于以商务宴请为主的海底捞消费者就餐目的来说，商用 Wi-Fi 拥有多重安全保护措施，如防火墙的应用，这样可以更好地保护客户隐私，提升网络环境的安全性和稳定性。

另外，海底捞的商用 Wi-Fi 可以支持 100 名以上的消费者同时上网，而不会有任何阻碍，且在上网时，在用网时间方面也没有任何限制，为消费者提供了方便、快速的上网条件。

　　❷　入口服务

　　在移动互联网的环境下，海底捞推出 Wi-Fi 作为其手机虚拟门户，利用这一入口系统，海底捞使得每一个消费者在连接其 Wi-Fi 时首先看到的是海底捞商铺，这是对海底捞品牌精神的有效宣传，能很好地促进海底捞火锅品牌的推广。

11
CHAPTER

软文营销，餐饮 O2O 的
多途径应用

　　在餐饮 O2O 模式的营销运营过程中，有关于产品或服务方面的
文字宣传和信息推广是必不可少的，优秀的软文能促进其营销的进
一步发展和实现。

　　本章围绕餐饮软文，就其写作技巧、营销发展优势、软文营销
内容类型和营销案例 4 个方面来进行具体分析。

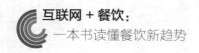

11.1 餐饮 O2O+ 软文营销写作技巧

软文是与硬性广告相对的软性广告的一种，它具有非常灵活和多样化的伪装性。然而这种宣传的伪装性是多种技巧糅合下的效果体现。关于软文写作的技巧，可以从其标题、话题切入、篇章结构和广告内容 4 个方面着入手，进行深入地阐述。

11.1.1 标题设置

如今是一个快节奏的时代，人们在网上浏览的第一印象就在于标题，一个具有吸引力的标题，才能引起网民的好奇，才能促使他们点击观看。如果是一个没有任何吸引力的标题，就算软文内容再丰富，不能引起网民的注意那也是徒劳，甚至还有可能拉低企业的形象和信誉度。

由此可见，标题是否新颖，是软文成功的关键。目前来看，软文标题在写作技巧方面有 4 个需要注意的方面，具体如下。

❶ 标题字数

标题在字数上一般应该控制在 12 ～ 15 字范围内，而不应该设置太长的软文标题。否则，不仅不利于读者记忆，还有可能让其产生厌倦心理。对于一般的网民来说，看到软文标题很长，大多不愿点击阅读，而是选择忽视。

因此，餐饮商家在进行软文写作时，切记不要只记得规定字数，而忘却了标题本身的内涵，一个好的标题一定是精而短的。

❷ 链接热点

当软文标题与时代热点结合时，往往能提升其在搜索引擎中的排列位置，从而让读者更容易搜索和关注到商家推出的餐饮软文信息。

因此，在写作软文标题时，应该适当地结合当前的热门话题和事件，这样的标题写作，将会让餐饮商家的软文推广获得一个意想不到的宣传效果——不仅能让消费者可以更快地浏览到他们需要的信息，还能增加餐饮企业或商家网络平台的人流量。

当然，结合时代热点写标题的时候，也应该把握一个适度的问题，且要与内容相吻合，否则就很容易落入"标题党"的窠臼。

❸ 切中痛点

所谓的"痛点"就是网民心中的不满、愤慨和伤心处等，在营销学中有一种叫痛点营销的方法。痛点营销，即消费者在进行产品或服务消费的过程中，没有达到期望值，从而造成了心理落差，这种心理落差最终在消费者心智模式中形成负面情绪爆发，让消费者感觉到痛。

为什么我们在营销的时候要戳中用户的痛点呢？因为只要戳中用户的痛点，就会引起用户心中的涟漪，让用户感同身受，以此更好地吸引用户点击。

❹ 句式方面

巧妙地在标题上"卖关子"，可以引起读者的好奇心，给人留下遐想的空间，激发其阅读欲望。在此，结合网络热点来设置悬念是比较多用的做法。

软文作为一种宣传手段，其标题采用"悬疑"方式出现，未尝不可。这种句式能加深读者对餐饮企业或商家所推送的信息的认识和理解。

不过，如此"悬疑广告"，仍然值得一"疑"。标题在一开始设置了悬念，必然激发阅读的欲望，从而点击下去。因此，在设置标题的时候，要尽可能地考虑到用户的习惯。

11.1.2 话题切入

在写软文的时候，我们想要与读者拉近关系，就得紧跟时事流行话题，利用时事吸引读者。自从网友恶搞"duang"出现之后，各大网站、报纸媒体都有"duang"的存在，搜索引擎的搜索量随即增加，所以谁最先抓住时事热点，谁就能成功吸引读者。

时事热点，顾名思义，即那些具有时效性、最新鲜、最热门的新闻。而餐饮企业或商家在进行软文推广时要抓住时事热点作为软文营销的题材，捕捉到用户的心理。只有这样，才能更易引起读者的关注。在 2016 年欧洲杯比赛期间，周黑鸭和麻辣诱惑借助这一时事热点，在软文内容上实现了话题的巧妙切入，如图 11-1 所示。

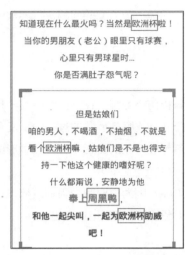

◆ 图 11-1　软文内容的"欧洲杯"热门话题切入

11.1.3　结构安排

软文的排版不可马虎，需要做到最基本的上下连贯，最好在每一段话题上标注小标题，从而突出文章的重点，让人看起来一目了然。

一篇连排版都凌乱的软文，容易让读者阅读困难、思路混乱，会给人一种不权威的感觉。为了达到软文营销的目的，一定要条理清晰，切不可过早植入广告，否则会使读者产生厌恶感。

关于软文写作的结构安排，一般来说，不同的文体有不同的写作结构，具体包括以下 3 种。

❶ 记叙新闻类软文

记叙新闻类软文一般是企业进行宣传、品牌活动等传播使用到的模式。在写作时这类软文不需要太多的修辞，内容比较直白，广告成分很明显。

这类软文都有一些特性，因此在结构安排上可以使用较多的案例来进行陈述和阐释，多采用根据宣传主题的发展过程或并行举例的叙述结构。

❷ 经验说明类软文

经验说明类软文，是指餐饮企业或商家把自己的经验进行总结，然后通过文章的形式在网络平台上进行分享。

这类文章一般采用总—分—总、总—分、分—总等结构形式。在写这类软文之前需要不断地累积经验并总结，这类文章的好处在于目标用户比较集中，容易形成传播，但值得注意的是作者应该是从实际出发，切勿虚构欺骗。

❸ 时事评论类软文

时事评论类软文是比较常见的软文，特别是在软文领域内，互联网在不断变化，同时对应的事件也时常发生。这类软文的结构自由，只需对事件进行有自己见解、体现自身思想的评论即可。

11.1.4 广告内容

餐饮企业或商家要把广告内容巧妙地融入软文里是软文营销实现过程中最难的一步。这需要软文写作者费尽脑筋，使读者读起来一点都没有广告的意味，读完之后读者还能够受益匪浅，认为你的文章为读者提供了不少帮助，那么文章就成功了。

因此，餐饮企业或商家需在软文写作前就想好广告的内容和营销目标。如果作者的软文写作能力不是很强的话，最好把广告内容放在开头的第二段，让读者被第一段内容吸引之后就走进软文的圈阱。如果作者有高超的写作技巧，那么软文的广告内容可以放在最后，只要文章内容足够吸引读者，读者就一定会看到最后，这样也能达到广告宣传的目的。

下面通过一篇软文来重点阐述广告内容的植入问题，范文如下：

我天性喜茶，成长中总有茶的陪伴。小时候，尚停留在对茶的最直观感受上——它的那种淡淡的清香总是萦绕在鼻端。如今，在增添了人生体验和感悟的时候，我就逐渐喜欢上了品茶时的那种闲逸、安静的感觉。因此，在清晨，在午后，我总喜欢泡上一杯清茶，细细地品味，静静地冥想。

我爱茶，但也并不是什么茶都喜欢，其中，唯有铁观音却让我百品不厌。想那铁观音香气淡远，向来有"绿叶红镶边，七泡有余香"之美誉。更甚者，它还兼具美容保健功能，诸如抗衰老、减肥健美、防治糖尿病等功效都可以在铁观音的坚持品味中获得。

这篇软文十分普遍，不过其广告内容的植入却能让读者倍感舒服，不会产生生硬的感觉。其实，这也是营销软文进行宣传时内容植入的关键。

11.2 餐饮 O2O＋ 软文营销发展优势

软文广告不像硬性广告一样给人一种乏味的感觉，它更贴近用户的心灵，更容易给用户灌入心灵鸡汤，让用户无比信赖，并深陷其中无可自拔。可见，在餐饮 O2O 模式的营销环境中，应用软文进行营销有着巨大的优势。本节将从软文营销的优势出发进行具体介绍。

11.2.1　忠诚度

对于软文来说，只要有好的付出就有好的回报，只要传播者能用一颗柔情真心来撰写软问，哪怕只有一句话、一个观点对读者有所启发，他们都乐于帮助传播，攸关人们日常生活的餐饮行业软文更是如此。

就拿餐饮行业的新闻性软文来说，在生活中，新闻具有权威性、真实性、客观性、容易被消费者信赖等特点。因此，撰写新闻性的餐饮软文无疑可以起到很强的推动作用，帮助餐饮企业或商家快速实现营销目的。

11.2.2　成本低

软文广告不像硬性广告的门槛那么高，如湖南卫视黄金档《快乐大本营》节目插播5秒广告就要12万元，而软文推广几乎不花一分钱，只要你写得奇妙、契合，能与读者产生共鸣，那么效果绝对比硬性广告好很多。

因此，在餐饮 O2O 模式中，利用软文这种营销手段可以凭借其极小的成本撬动餐饮行业和互联网平台营销，如图 11-2 所示。

◆ 图 11-2　软文的低成本优势利用

11.2.3 隐蔽性

相较于硬性广告而言，软文有一个非常明显的特征，那就是推广的隐蔽性。

也就是说，在利用软文进行营销时，其所凭借的内容载体是不能明显地表达推广宣传的广告目的的，而是应该在宣传内容中巧妙地嵌入产品或服务信息，间接地对其进行描写，从而使得读者在浏览过程中可以通过软文的感染力和思想渗透来达到推广宣传的目的。

其实，软文的宣传隐蔽性优势是渗透性传播的一种表现，它能让读者在潜移默化中受到广告宣传的影响。

纵观各网络媒体平台上的商业性文章，可以发现，正是因为软文宣传的隐蔽性优势，读者已经很难分辨出哪些是商业性的宣传推广软文，哪些是一般的生活记事或有关某种事务的文章，从餐饮企业或商家的角度而言，这一情势可以说是非常有利于营销的进行的。

11.2.4 关注度

软文的吸引力是获取读者关注的关键，而软文的宗旨也在于此，即吸引读者、得到读者的信赖。

优秀的软文在进行餐饮产品或服务推广时具有关注度高、吸引力强的特点。那么，什么才称得上是"优秀的软文"呢？

所谓"优秀的软文"，主要可以从以下两个方面来看。

（1）文章的内容方面。优秀的软文一般应该有一个极具吸引力的标题，并在内容中或以时事热点，或以优美的文字来结构全文，并在思想上打动消费者。只有在内容上具备上述条件，才能称之为"优秀的软文"。

（2）文章的读者方面。作为一篇产品或服务的推广软文，它还应该在内容上体现出以消费者为中心的观点，应在内容编排上紧扣读者的内心需求，体现出为消费者着想的特征，这样才能使得软文更易被消费者所接受。

否则，即使软文写得再优美，但是其表现出的内容并不契合消费者的需求，也将被束之高阁，不能成为产品或服务的有力宣传载体。

只有具备上面两个条件的软文，才是优秀的软文，才能在读者群体中具有高的关注度，才能充分发挥软文的营销优势。

11.3 餐饮 O2O＋软文营销内容类型

前面已经提及，软文宣传的着重点就在于其隐蔽性和关注度等方面。而想要在这些方面有所提升，就应该在软文的写作技巧上下功夫。下面以 4 种软文为例，具体介绍软文写作时需要注意的事项和提升的技巧问题。

11.3.1 情感式软文

所谓"情感式软文"，即具有大的情感感染性的软文。这种软文主要是通过富有感染力的字眼和大的信息量等来传达出餐饮商户所要表达的情感内容，如"体验××，寻找家的感觉""爱他（她），就请他（她）享受×× 美食盛宴"等。

这些带有情感渗透性的软文内容往往能更容易地击中读者的心灵，从而吸引他们去消费。这类软文主要是以情感取胜，以情动人，是最能体现微博、微信软文内涵和特点的形式之一。

11.3.2 悬念式软文

所谓"悬念"，就是人们常说的"关子"。设置悬念是一种常用的软文写作手段。作者通过悬念的设置，激发读者丰富的想象和阅读兴趣，从而达到写作的目的。

悬念式软文的写作，是指软文的前面当故事情节、人物命运进行到关键时设置疑团，不及时作答，而是在后面的情节发展中慢慢解开，或是在描述某一奇怪现象时不急于说出产生这种现象的原因。这种方式能使读者产生急切的期盼心理。图 11-3 所示为悬念式软文的写作。

◆ 图 11-3　悬念式微博软文

图 11-3 中的微博，通过"这样"来设置悬念，"这样吃"到底是一种什么吃法呢？再在后面通过图文的形式予以解答，很好地进行了说明的同时又吸引了读者的注意力，从而促进餐饮营销的实现。

11.3.3 故事性软文

小时候人们喜欢听故事，长大了人们喜欢看故事，总之，"故事"永远都被人们所热衷。企业如果能写出一篇好的故事型软文，就能很容易地找到潜在客户和提高企业信誉度。

总之，餐饮企业或商家通过一个完整的故事叙述过程一步步地推出产品或服务，带领读者步入软文的营销陷阱中。这类软文在加深了读者对产品或服务印象的同时也带给了读者强烈的心理暗示。在这种情形下，最终获得营销实现已经成了必然。

当然，在写作故事性软文过程中，作者应该时刻谨记：讲故事只是推出产品或服务的媒介，而不是最终目的，因此，在讲故事时需要找准合适的时机切入产品或服务信息，自然转换到营销目的上来。

而在此过程中，故事的精彩性要求将大幅提升——具有明显的趣味性和知识性等特征。只有这样才能足够吸引读者，引导他们阅读下去。

11.3.4　促销式软文

促销式软文一般是借助节日、店庆等时间点，在软文中体现促销信息，通过"赠品"和"折扣"等方式来促使读者产生购买欲望。

这类软文主要是建立在"免费""低价"等因素基础之上的产品或服务推广内容，如图 11-4 所示。

（1）麻辣诱惑"520"节日主题促销　　　　（2）麻辣诱惑赠品策略促销

◆ 图 11-4　促销式软文

11.4 餐饮 O2O+ 软文营销案例

软文作为有效的营销传播媒介，具有非常大的渗透力和传播力。在餐饮行业，近年来有不少品牌尝试运用软文这一工具进行营销推广，获得了良好的效果。下面就来欣赏几篇餐饮软文，从中学习餐饮软文的写作和推广。

11.4.1 【案例】夏塘烧饼：首尾对照，美味衬托

下面是一篇餐饮行业软文《穿越千年的夏塘烧饼》，这是一篇在开头和结尾处运用了诸多写作技巧以结构全文的软文，如图 11-5 所示。

【分析】

这是一篇美食软文，是专门为读者介绍美食的文章，此文的结尾是一种总结性结尾，利用"寥寥几笔"的文字，将作者的感悟总结出来，能勾起读者想要吃"夏塘烧饼"的欲望。

穿越千年的夏塘烧饼

前些时候去安徽合肥开会，朋友林惠一定要带我去品尝一下当地的小吃夏塘烧饼，还说，你来合肥不吃夏塘烧饼一定会后悔的。听他这么一说，我还真动心了。

我们来到一家夏塘烧饼店，只见前来买烧饼的竟排起了长队。排队的有本地人，也有不少是外地来的游客。店老板忙得不亦乐乎。

（1）开头

现在，在合肥的大街小巷都看到有市民在啃烧饼，有的当作早餐，外加一碗猪头汤，就完全解决了；有的把它作为中餐，两个烧饼，荤素搭配，既省了钱，又节约了时间；晚上吃烧饼的也很多，尤其北方城市过来的居民，一贯简单对付晚餐，一个烧饼一碗稀饭，足够了。

拿着夏塘烧饼，在大街上边走边吃，那穿越千年的文化醇香就在唇齿间溢了出来。

（2）结尾

◆ 图 11-5　《穿越千年的夏塘烧饼》软文

整篇文章条理清晰，段与段之间衔接得当，使得整篇文章以简洁、有内容的境况展现在读者的面前，提高了读者的阅读感。下面将就其开头和结尾的写作进行分析。

（1）开头以"去安徽合肥开会""朋友介绍"来做铺垫，从而引出"夏塘烧饼"，这样的开头在餐饮行业软文中非常常见。一般在开头处找一个可为的噱头，将餐饮品牌引出来。

（2）适当地描述"夏塘烧饼"购买时的盛况，可以有力地衬托出"夏塘烧饼"的美味。

（3）在结尾处回到开端部分，再一次将"夏塘烧饼受欢迎"的程度描述了出来，这样能使文章上下一致，不会偏离主题。

（4）最后一段以主人公的感悟来结束。这样一个结尾，能让读者有一种意犹未尽的感觉，使读者有进一步了解"夏塘烧饼"的冲动。

专家提醒

从上面论述中可以看出，这篇食品行业软文写作可以带给读者以下启示：

以亲身经历来说事，会让读者进一步相信软文中所说的，毕竟食品还是需要在人们亲自品尝的前提下给大众做的推荐才比较有效果。

11.4.2 【案例】葡萄酒：从"色"着手，图文并茂

下面来看一篇图文并茂的餐饮行业软文——《夏天，怎么喝葡萄酒才最爽》，如图 11-6 所示。

（1）

◆ 图 11-6　《夏天，怎么喝葡萄酒才最爽》软文

楼兰霓裳半甜白葡萄酒

手选吐鲁番滨沙产区20年树龄以上，采摘期推迟30天之贵人香葡萄，经轻柔压榨，低温发酵，精心酿制而成。

色：酒体清澈透明，色泽微黄。

香：闻之含热带水果、新鲜葡萄的新清果香和玫瑰的优雅香味。

味：入口芬芳怡人，协调爽口，回味悠长。

楼兰丝路风情高级干白葡萄酒

手选吐鲁番滨沙产区20年树龄以上的优质白羽葡萄，经轻柔压榨，低温发酵，精心酿制而成。

色：如黄水晶般剔透晶莹。

香：闻之含新鲜、淡雅的水果香味，带来愉悦的心情。

味：入口平衡柔和。

楼兰酒庄贵人香干白葡萄酒【分享级】

手选吐鲁番滨沙产区20年树龄以上贵人香葡萄，经轻柔压榨，低温发酵，精心酿制而成。

色：酒体澄清透明，有光泽。

香：闻之含怡人的玫瑰芬芳和新鲜热带水果的香味。

味：入口舒顺清爽，丰满完整，回味久远。

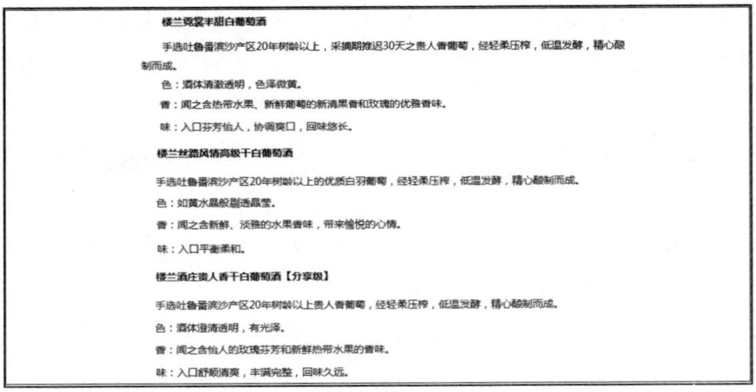

（2）

◆ 图 11-6 《夏天，怎么喝葡萄酒才最爽》软文（续）

【分析】

此篇餐饮行业软文以图文并茂的方式进行呈现，也在一些部分体现了餐饮软文独有的“色”写作技巧，下面就此篇餐饮行业软文片段进行详细分析。

（1）此篇餐饮软文的标题，以提出问题来吸引读者的眼球，让读者带着问题去阅读文章，这样能提高读者的阅读质量。

（2）文章的开头就点题，但并没有直奔主题，而是延续标题所存在的问题，引起读者寻求答案的欲望。

（3）后面三个小标题里的内容，不是直接将关键词展现给读者，而是运用“要有‘色’才能有想法”的餐饮软文写作技巧，从葡萄酒的“色”“香”“味”3个方面进行描述，再配上葡萄美酒图片，更能将读者拉入软文所营造的氛围中。

专家提醒

这篇餐饮行业软文，以葡萄美酒的“色”为结尾，让读者沉浸在葡萄美酒的意境中，进一步将软文核心关键词扣入读者的脑海中，并且全文以“制造问题→推出解决方法→产品推广”的模式来铺排全文，能在一定程度上吸引读者的注意力。

11.4.3 【案例】肯德基：产品动态，巧妙衔接

下面是一篇关于食品产品动态的软文——《肯德基携手百度开启“甜蜜中国”长假 玩转 O2O 创新体验》，如图 11-7 所示。通过这篇软文，可以更好地了解

软文营销的内涵。

肯德基携手百度开启"甜蜜中国"长假　玩转O2O创新体验

2015年以来，随着移动互联网时代汹涌而至，走模千亿的O2O市场正吸引着越来越多的巨头参与布局。个中热点，尤以餐饮O2O为甚。在消费者与商家的消费路径重构的当下，如何借力移动互联网，更有效率的帮助消费者从线上获知餐厅，发现美味，乃至在线下催生而至，打造完整的闭环体验？不断致力于优化消费体验的肯德基深谙此道。

国庆长假前夕，肯德基宣布与百度地图携手，推出O2O出行新模式。9月28日起，肯德基大手笔将全国4 800多家餐厅搬上百度地图，借助百度全景实现的"肯德基虚拟餐厅"遍布祖国大江南北。消费者们不仅可以使用手机语音搜索随时随地"叫"出汉堡等美味。更可点评及票选心目中最具特色的肯德基餐厅，在长假期间迎来普降全国的甜蜜"蛋挞雨"，畅享一系列长假创新体验。

（1）

史上最甜蜜的"最后三公里"

最后三公里，是摆在包括肯德基与百度地图在内所有O2O巨头面前的又一挑战。与百度地图一起，通过在线上分发特别优惠吸引消费者，再将线上资源有地地引流到线下，进一步加快了肯德基在中国的数字化步伐。

国庆长假期间，肯德基将在全国4 800多家餐厅周边施以人工"降雨"，备足了100万枚葡式蛋挞，期待与所有正在旅途中的消费者甜蜜相遇。国庆期间，所有"肯德基虚拟餐厅"的周边三公里以内，将不定时空降史上最甜蜜的"蛋挞雨"。

这是肯德基基于移动定位服务，通过"最后三公里"的服务延展，引导从线上到线下消费者流量变现的又一实践。只要消费者身处线下任一肯德基餐厅三公里范围内，打开百度地图搜索肯德基，根据提示移动即有机会获得这份雨露均沾的幸运。

O2O的创新永无止境。国庆长假里，肯德基与百度地图将共同打造全新的旅行体验，从最简单的吃吃吃买买买升级为移动化的创新玩法。想要美味与美景并存，跟着肯德基走就对了！

（2）

◆ 图 11-7　肯德基 O2O 创新体验相关软文

【分析】

此篇餐饮行业软文比其他软文显得更直接，没有过多的铺垫，而是直接进入主题，以某个企业的产品动态为主，买让人们知晓有这么一件事情，一般来说，这样的软文比较适合一些广为人知的品牌、产品，这样的效果比较好。

这类的食品软文最好不要只枯燥无味地将产品动态推到读者的面前，还是需要将产品动态与消费者的生活衔接在一起，这样才能勾起读者对企业产品的需求。

此篇餐饮行业软文，就是将肯德基与百度携手推出的 O2O 新模式和旅游衔接在一起，并介绍这样一个产品能给人们带来怎样的便利，让读者产生使用欲望，实现人们不管身在何处只要运用肯德基 O2O 就能随叫随到地使用美食，这对于那些消费者来说是不错的福利。

专家提醒

　　不管是产品动态还是行业动态软文，都需要将动态与消费者的需求相结合，使文章推广目的不显得那么苍白，给读者一个将文章读完的理由。

品牌案例，学习餐饮 O2O 成功之路

在 O2O 模式应用推广的环境下，餐饮行业内的一些品牌企业和其他餐饮商家，纷纷利用这一模式进行营销转型与创新，走出了一条营销成功之路。本章就知名餐饮企业的营销运营和互联网思维下的餐饮发展典型进行介绍，为餐饮行业发展提供借鉴。

12.1 名企策略，餐饮 O2O 运营剖析

在互联网和移动互联网快速发展的情况下，知名餐饮企业顺应时代发展的要求，纷纷试水 O2O 模式，利用线上线下的整合资源和营销渠道，完成餐饮 O2O 模式的运营转型。

12.1.1 【案例】必胜客：创新餐饮产品和服务

隶属于世界最大餐饮集团——百胜餐饮集团的必胜客是一家比萨专卖连锁企业，它以屋顶作为餐厅外观标识，如图 12-1 所示。

◆ 图 12-1 必胜客的"屋顶"餐厅外观标识

在餐饮的运营方面，必胜客一直以产品和服务的创新为宗旨，并基于以下优势不断进行餐饮生态环境建设与颠覆。

（1）标准化、规范化的食品生产。

（2）创新化、数字化的餐饮运营。

在上述优势与理念影响下，必胜客的餐饮 O2O 模式运营尝试也很好地展现了创新这一方面的魄力，具体表现如下。

❶ 外卖领域

在必胜客的 O2O 模式运营体系中，它最先实现模式创新的是在外卖领域。必胜客通过与大众点评合作，在线下 200 多家餐厅开启了线上到线下的外卖 O2O 模式。这一次创新使得其线下门店原有的产品和仓储得到了释放，并在移动互联网发展的影响下接入了移动终端，步入了移动营销场景。

❷ 线上推广

于餐饮 O2O 模式而言，线上层面的推广是形成 O2O 闭环的一个非常重要的方面，而渠道的打通更是重中之重。2015 年 5 月，必胜客在与 O2O 平台河狸家合作的情形下，通过开展主题互动进行了线上推广的渠道探索，如 APP、微信、微博等渠道都有着它推广互动的踪迹。

基于渠道的探索，必胜客对目标消费群体也有了更宽领域的定位目标，并将在获客模式上实现进一步的创新。

❸ 支付场景

2015 年 7 月初，必胜客在实现了线上推广和外卖领域的餐饮 O2O 模式体系建设后，又在移动支付这一 O2C 闭环完成的关键领域开展了创新应用。至此，在支付宝平台上，借用服务窗和大数据技术，必胜客完成了餐饮 O2O 服务闭环——实现了从点餐、预订、支付到配送的线上线下营销。

❹ 品牌提升

2015 年 9 月，必胜客引入 iBeacon 数字营销技术，以此进行指挥餐厅的打造。这一行动重点在于通过提升用户体验和增值服务来促进餐饮品牌形象的提升，其中，在打开手机蓝牙的情况下通过开启微信"摇"模式可以获得诸多奖品，如免费微信电影选座券、必胜客美食优惠券等。

12.1.2 【案例】虾鼎记：践行垂直餐饮理念

虾鼎记是一个以海鲜类为主营项目的餐饮连锁品牌，它在我国十多个重点城市塑造了良好的品牌形象——产品质量好、武侠风装束和送餐服务充满趣味性。图 12-2 所示为虾鼎记推出的品牌卡通形象。

◆ 图 12-2　虾鼎记推出的品牌卡通形象

虾鼎记在竞争对手众多的北京海鲜外卖市场中独占鳌头的原因就在于它践行了垂直餐饮 O2O 品牌理念，并在此基础上重点发展 4 个方面的营销内容，具体如下。

❶ 外卖送餐

在外卖配送服务方面，虾鼎记做到了对消费者许下的承诺——"下单两小时内急速送达"。虾鼎记利用其现代化的管理关系链和专业化的自有物流团队，实现了在送餐方面的更快、更准、使命必达的 3 大目标，赢得了餐饮 O2O 服务竞争配送主战场上的胜利。

❷ 场景实现

在配送服务方面，虾鼎记的另一大特点就是配送服务员的武侠风装扮，使得餐厅在辨识度和传播性方面有着极大增强，具体表现如下。

（1）配送小哥大侠装扮场景。吸引人们关注、拍照，并得以在微博和朋友圈上迅速传播。

（2）配送小哥送达言语场景。有着大侠意味的送餐小哥服务言语进一步加深了客户关注；

（3）配送增值服务优惠场景。通过摇骰子获得免单、优惠机会，可以极大增强用户体验。

通过上述这 3 种场景的实现，虾鼎记把消费者带入了微武侠的现实体验中，从而很好地解决了餐饮行业与消费者关系发生和维护方面的问题。

❸ 菜品考验

在虾鼎记看来，出现在菜单上的每一个菜品都应该经过严苛的考验程序才能真正印制在上面，而不仅仅是增加几行字和图片的问题。可以说，虾鼎记是一家重视菜品口味和品质的餐饮企业，其在菜品更替方面可谓说得上是几经考验和锤炼，具体过程如下。

（1）菜品研发阶段。包括前期的市场定位、食材供应与选择，以及研发人员的配置等。

（2）菜品试吃阶段。包括餐厅工作人员、美食领域内人员和VIP顾客等多个方面的试吃。

（3）菜品上市阶段。经历了研发与试吃环节的菜品才能最终进入菜单，提供给广大顾客。

❹ 餐饮加盟

虾鼎记在管理的扩大运营中，采用的是高可复制性的加盟策略，从而使得其在短时间内实现了快速发展。

从高可复制性方面来说，虾鼎记的加盟运营主要体现在以下两个方面。

（1）口味复制。虾鼎记总部通过统一配发秘制酱料，使得各加盟店的餐饮口味和品质能够与总店保持一致性。

（2）管理复制。虾鼎记总部通过全套的营销运营方案的实行，可帮助加盟商解决创业过程中遇到的各种难题。

12.1.3 【案例】金百万：重新定义餐饮运营

金百万，全称为北京金百万餐饮娱乐有限责任公司，其在餐饮经营项目上涉及了多个方面，主要包括正宗北京烤鸭、凉菜、裱花蛋糕及餐饮娱乐等；在餐饮理念和运营商坚持"环境最好、价格最低、质量最优、服务最好"等4个原则下，金百万最终使得其成为餐饮行业领域内的佼佼者。图12-3所示为金百万餐厅。

就是这样一家知名餐饮企业，在移动互联网时代，它又在餐饮O2O的浪潮下进行了模式的创新与应用。金百万从O2O的全接触点和数据分享的本质出发，在整合线上线下资源的基础上完成了它们之间的深度融合，对餐厅的O2O商业模式进行了重新定义，并利用餐饮O2O模式来补足传统餐饮的缺陷，提升品牌形象，具体内容如下。

◆ 图 12-3　金百万餐厅

❶ 产品方面

在金百万的餐饮 O2O 概念中，其产品是与传统餐饮服务业有着明显不同的，无论是有形的产品还是无形的产品都是如此，主要内容如下。

（1）有形产品。餐饮 O2O 模式下，这一概念不仅包括提供给消费者的准成品、菜品，还包括菜品制作前期的供应链和仓储环节上的食材、配料等与餐饮相关的产品品类。

（2）无形产品。餐饮 O2O 模式下，这一抽象的概念在范围上有了进一步扩大，既包括涉及运营的速度，也包括涉及产品的新鲜度，还包括餐饮产业链打通的运营平台价值。

❷ 服务方面

金百万的餐饮服务实现囊括了整个菜品制作过程，而不再仅仅是局限于传统的餐厅范围内的服务，其中，社区百姓家常菜的制作整体服务就是餐饮 O2O 模式下对服务的新诠释和新发展。在其制作整体服务过程中，金百万进行了完美的整合，在保证了食材的品质的同时也大幅降低了社区百姓的各类用餐成本。

❸ 客户体验

在产品和服务重新定义的基础上，金百万在餐饮 O2O 模式的应用中，成功地扩大和延伸了餐厅的客户体验，使得餐厅的客户体验突破了堂食的局限，而且通过准成品成功地走进了社区百姓家口，体现在人们的一日三餐中，在便捷、安全、卫生等新要素上为客户体验的重新定义增添了可界定的内容。

❹ 餐厅盈利

餐厅盈利是其营销的最终目的，而扩大其营销的模式范畴是有利于餐厅的发展的。金百万在产品和服务方面的创新为其盈利增加奠定了基础，是其盈利在运营的空间、时间上得以延伸的前提条件。

对于金百万来说，餐饮 O2O 模式下的餐厅运营完全打破了空间和时间的限制，是其在运营商发展的结果，也是 O2O 模式应用发展的结果。只有经过 O2O 模式的线上线下整合，如集中购进、整合需求、规范流程、构建平台等，才能提升餐厅的盈利，从开源角度解决餐厅营收问题。

综上所述，金百万通过餐饮 O2O 模式在各运营环节的重新定义与革新，实现了餐饮服务线上线下的融合，促进了消费者体验的提升，最终打造一个良好的餐饮 O2O 生态环境。

12.1.4 【案例】真功夫：快餐蒸品的 O2O 布局

真功夫是我国快餐领域前五强中唯一的一个本土品牌。在品牌定位上，它选择了具有中式特色的蒸品为主营项目，坚持"营养还是蒸的好"，如图 12-4 所示。

◆ 图 12-4　真功夫

基于移动互联网的快速发展和餐饮 O2O 模式的应用拓展，真功夫也开启了 O2O 的布局之旅，具体内容如下。

❶ 视频布局推广

在餐饮 O2O 布局推广中，真功夫除了开通外卖电话和订餐 APP 进行营销推广外，它还把目标对准了网络视频，在搜狐自制的《屌丝男士》视频的片头中，人们可以看到真功夫的餐饮信息推送广告。

消费者在观看视频的过程中受广告的影响，可以通过 APP 进行订餐。这一营销策略将极大地推动真功夫的传播，有利于餐饮 O2O 线上与线下渠道的互联和模式的应用与发展。

❷ LED 点餐牌布局

LED 点餐牌代替传统广告灯箱也是真功夫在餐饮行业新的战略布局。这一设置的改变，一方面，LED 点餐牌可以呈现更加鲜艳、真实的菜品色泽和动态效果，让消费者有了更清晰、直观的感受，从而提升用户体验和餐饮品牌的形象，更好地促进营销目标的实现。

另一方面，LED 点餐牌还设置有内部管理系统。通过这一系统，真功夫可以对线下资源进行整合，对各线下门店进行统一管理，并可以在线上进行有效推广，这样可以使资源得到更好地利用，达到节约和降低成本的目的，突破餐饮发展中的管理瓶颈，有利于餐厅在 O2O 模式应用环境中进一步发展。

12.1.5 【案例】红牛：试水品牌切入广告营销

早在 B2C、C2C 这几种营销模式未成熟起来之前，广告植入这种营销模式便已经占据主要地位。而随着互联网的发展，广告植入开始从简单的报纸、杂志、电视剧等载体，逐渐向视频、影视等媒介转型。

借着这阵"东风"，饮料的王者品牌——红牛便巧用电影影视广告植入，试水 O2O 模式并获得成功。

基于电影《007：大破天幕杀机》中的邦德精力充沛、随机应变的人格特征与红牛精神和功能性的契合，红牛在该电影中进行了品牌切入，如图 12-5 所示。

◆ 图 12-5　红牛植入电影《007：大破天幕杀机》

那么，红牛品牌是怎样巩固广告植入效果并获得成功的呢？关于这一问题，具体分析如下。

❶ 活动创意设置

红牛通过具有互动效果的 APP 开发来设置活动，并在任务完成的基础上赠送奖品，以此调动受众参与的积极性。

通过这一活动的进行和完成，《007：大破天幕杀机》电影中所表现出来的玄妙科技及酷感在线下有了完美的体验，自身仿佛化身成了邦德，置身于影片之中，从而为用户营造出了一种"邦德式"的感悟和体验，获得了非常良好的传播效果。

❷ 线上线下互联

在红牛的 APP 开发和创意活动运行中，通过移动互联网这一媒介，红牛品牌实现了线上与线下的互联，从而突破了媒体间的各种隔阂，更重要的是，它还密切了品牌与人的关系，直接建立起它们之间的紧密联系。

12.2 互联网思维，餐饮 O2O 火爆营销

随着社会的发展，互联网和移动互联网在人们生活中占据着越来越重要的地位，不仅如此，经济活动方面的网络平台更是为其发展提供了助力和支撑。在餐饮行业领域，互联网和移动互联网已经逐步渗入其中。

12.2.1 【案例】花舍：持续性的微博营销运营

在互联网和移动互联网的激烈竞争环境中，餐饮经营者为了突破瓶颈，获得竞争优势，纷纷将目光转移到了线上平台，并在线上开展各种活动来实现线上到线下的流量引导。其中，北京知名的花舍咖啡馆在互联网微博平台上的营销就是一例。

花舍咖啡馆，是一家非常注重情调并对精致、精细餐饮有着极大追求的咖啡馆。图 12-6 所示为花舍咖啡馆的门面。

◆ 图 12-6　花舍咖啡馆的门面

餐饮 O2O 模式下的花舍咖啡馆运营利用了微博这一互联网社交平台和渠道，通过线上汇集人气来促进线下实体店的营销。

然而，这一运营结果不尽如人意，因为微博平台上的活动带来的往往是"一次性"的关系维护，无法形成持续性的营销关系。面对这一问题，花舍咖啡馆从前端营销执行和后端营销管理两个方面着手，寻找解决办法，具体如下。

❶ 前端：营销执行方面

这是基于微博 O2O 营销的烦琐操作流程方面所采取的措施。联营平台在常规基础上对微博营销操作流程进行了简化，即在保留原有的发起活动、抽奖这两个步骤的前提下，将私信索要联系方式和私信发奖这两个步骤集于手机发奖的步骤。这一前端平台的营销流程简化是建立在全自动化基础上的，可以减轻执行人员的工作压力。

❷ 后端：营销管理方面

在后端平台上，咖啡馆可以基于其多渠道券码管理功能，在获奖者和奖品券码二者之间形成一一对应的关系。通过这一关系，咖啡馆可以很容易地追踪到优惠券的使用情况，并可以在此基础上完成营销报表。

后端平台的这一调整措施，一方面可以方便工作人员评估与分析营销活动的效果，另一方面还可以为后续的营销活动提供调整的依据。

12.2.2 【案例】新辣道：互联网下的创新布局

新辣道是一家将我国传统的餐饮文化与现代的城市休闲文化进行结合的餐饮管理公司，它从消费者这一中心出发，在菜谱和就餐环境方面进行全面的提升和发展。图 12-7 所示为新辣道的线下门店。

◆ 图 12-7　新辣道餐厅

在"互联网餐饮"概念的影响下，为了适应发展大势和获得发展先机，新辣道从多个方面践行了互联网餐饮理念，具体如下。

❶ 餐厅布局上的减法策略

在网购兴起而导致购物中心客流量减少的情形下，新辣道也随之对餐厅布局策略进行了调整——放缓开店步伐。

同时，新辣道这一餐饮品牌也更加聚焦，着力于几款主打鱼火锅的口味与质量提升，践行"就是味道"品牌聚焦策略。并在常规的营销运营中，餐厅经营者在技术方面集思广益，将几十个技术优化点进行集成，最终实现了"口味提升"这一品牌发展目标。

除了在门店和品牌方面实施减法策略外，新辣道还将目光转向了内部的流程与管理。它对各业务部门进行紧缩与精简，实现架构方面的扁平化处理，使得餐厅的管理效率得到了很大提升。

❷ 跨界营销

为了回馈给"鱼粉"们以好的福利，新辣道通过影视赞助来实现这一目的，无论是炒得火热的《小时代》，还是众所周知的《虎妈猫爸》，抑或是影视精品《美人鱼》，这些都无一不说明，新辣道在餐饮管理和服务方面有了飞跃式的进步——进入了全新的3.0时代。这也是新辣道在互联网跨界营销思维应用方面的重要表现。

上面所提及的新辣道的影视赞助和粉丝回馈，反过来又有利于餐厅的发展，如在消费者和粉丝价值的挖掘方面，这一举措发挥了巨大的传播和支撑作用。

❸ 聚焦创新

"80后""90后"在如今的餐饮市场中，是一个主导式的消费人群，对餐饮营销和管理方面所带来的影响和改变是非常明显的。餐饮企业或商家只有精准地把握到这一餐饮发展的新常态，才能成功地完成转型与调整。如新辣道针对不同用餐场景进行布局就是一项非常成功的举措。

更重要的是，新辣道与知名餐饮品牌黄太吉联手进行了外卖领域的线下拓展。在新辣道整合了行业资源和产业控制能力的基础上，又基于黄太吉多年的互联网餐饮线上优势，在外卖领域进行了一场品类聚焦、品质与服务提升的餐饮发展和推广营销。

12.2.3 【案例】人人湘：传统饮食的异地运营

人人湘，全称为北京人人湘文化发展有限公司，是一家经营传统湖南米粉的现代餐饮企业，由在京的湖南人借助微信朋友圈发起，目的是打造"北京最地道的湖南米粉"，受到在京湖南人及近百名京城企业高管的热烈响应和支持。

一个几十平方米的餐饮小店，没有安排服务员。在订餐过程中只需扫描微信即可下单，且在等待过程中会提供进程方面的大屏幕及时提示。上述过程的完成只需 5 分钟即可轻松解决。这就是消费者在人人湘米粉店的用餐体验。

在人人湘的餐饮运营中，其以互联网思维的运用为主，利用微信社交平台，进行线上线下的无缝对接，焕发餐厅生机和活跃餐饮运营流程。图 12-8 所示为人人湘官网的宣传内容。

◆ 图 12-8　人人湘官网的宣传内容

❶ 用户基础

在人人湘的建立与发展过程中，用户思维这一理念一直植根于该餐厅管理和服务团队的每一个人员和环节中。如从"人人湘"这一名字上即可看出其在用户思维这一方面的用心，又如其产品设计和开发过程也是契合了用户思维理念——集合了用户的参与、观点和评价。

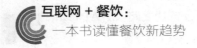
❷ 市场定位

在市场定位方面，人人湘专注于"专一小众"的餐饮市场。这是基于目前政策影响下的高端餐饮市场不断紧缩的现状而言的。

❸ 产品设计

在产品设计方面，人人湘明显更注重产品的研发及产品的品质和创新。在人人湘的餐饮运营观念中，产品设计应该坚持"多即是少，少即是多"，也就是说，从品质和创新出发，全力发展人人湘米粉。

食材运送，餐饮业供应链逐渐完善

在餐饮行业领域内，食材是其后续营销得以实现的前提，而从食材品质的优劣和配送方面来看，食材供应在市场上有着很大的发展和运营空间。本章以爱鲜蜂、沱沱工社、康品汇和多利农庄为例，具体介绍O2O模式下的食材供应市场发展状况。

13.1 【案例】爱鲜蜂："最后一公里配送"

在食材供应链中，生鲜的供应与配送是其中的重要一环，在这一领域中，随着互联网和移动互联网的发展和 O2O 模式应用的推广，已经有商家看到了其广阔的市场前景，"爱鲜蜂"就是这样一个餐饮行业领域内的生鲜配送品牌。本节将从企业、运营和推广 3 个角度对这一品牌进行重点介绍。

13.1.1 企业简介

"爱鲜蜂"于 2014 年 5 月上线，是一家专注于社区最后一公里配送的 O2O 电商平台，是随着餐饮 O2O 模式的应用推广而发展起来的。图 13-1 所示为爱鲜蜂的广告宣传。

◆ 图 13-1 爱鲜蜂的广告宣传

从爱鲜蜂这一品牌名称来看，其"鲜"就在于产品的新鲜度和多样性等方面，其"蜂"就在于产品配送上人员的数量和速度的保障方面。

从爱鲜蜂服务的提供方面来看，主要是生活住宅区及办公区域这一范围内的蔬菜、零食及生活用品等的配送，且在时间上有一个明确要求，即需在一小时内送达。

13.1.2 运营模式

确切地说，爱鲜蜂就是搭建了一个连接供应商、小卖部和用户的供应平台。

在这一平台上，爱鲜蜂通过与供应商的连接，利用互联网 + 便利店，为用户提供他们需要的产品，如图 13-2 所示。

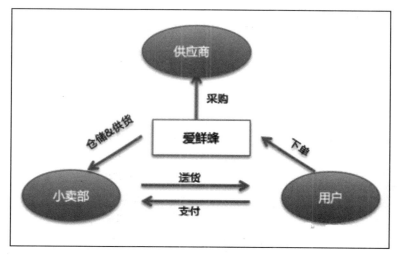

◆ 图 13-2　爱鲜蜂的运营模式

从图 13-2 中可以看出，爱鲜蜂这一平台运营的作用主要表现在以下 3 个方面。

（1）采购。爱鲜蜂在整合资源的基础上向供应商采购用户需要的商品。

（2）仓储。爱鲜蜂在进行商品采购的同时在各个行政区分别建立仓储。

（3）供货。爱鲜蜂基于各行政区内小卖部的综合因素为它们提供商品。

另外，爱鲜蜂可以通过用户的网上下单，在商品的提供上选择和安排附近最近的小卖部店主负责送货。在这一过程中，爱鲜蜂执行的是一种线上及后台的操作，其实这也是爱鲜蜂平台运营的重要表现。

除此之外，爱鲜蜂的运营模式还包括 O2O 闭环实现的关键环节——支付，这一行为场景发生在小卖部和用户之间，而从其本质来看，这一行为结果最终将汇聚到爱鲜蜂的运营平台上。

13.1.3　推广实战

在爱鲜蜂的营销运营中，其运营模式是建立在最大限度满足供应商、用户、小卖部店主这三个群体的需求基础之上的。基于这一特点，在此，主要从供应商、用户和小卖部店主这 3 个方面出发进行分析，具体介绍爱鲜蜂的营销推广，内容如下。

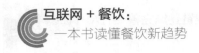

❶ 供应商方面

从这一角度来看，爱鲜蜂平台模式相较于传统模式而言，在成本方面占据着巨大优势，这是有利于其进行营销推广的。

具体来说，品牌供应商接入爱鲜蜂平台，可以在以下两个方面提供营销优势。

（1）销售渠道的增加。

（2）销售成本的降低。

在具体营销实施上，在其合作方范围内，包括中粮、鲜食客、哈哈镜、万得妙等，一般会根据季节的不同而选择不同的时令商品供应商，以此推动营销实现。

❷ 用户方面

爱鲜蜂在客户定位方面，其首选是"懒人经济"发展下的年轻群体。因此，根据这一目标群体，爱鲜蜂根据其及时、主要、高频的消费需求，选择了适合消费者的包括水果、卤味、海鲜、乳制品、零食、急需品等货品。

❸ 小卖部店主方面

在电商和连锁便利店发展迅速的情况下，小卖部店主这一群体的营销利益受到了极大的影响。为了摆脱这一困境，他们在爱鲜蜂平台的接入下，可以通过以下两个方面来获取利益。

（1）爱鲜蜂货单的配送费收取。

（2）店内生活用品的配送搭售。

综上所述，爱鲜蜂在其 O2O 运营中，依托小卖部等类型的社区小店，为"懒人"提供"1 小时急需送达"服务。在其营销推广策略上，从商品、时间和需求方面全力推进。

（1）商品。主打能够打开人味蕾的货品。

（2）时间。从早晨 10 点持续到凌晨 2 点。

（3）需求。及时满足各种急需的消费意愿。

上述策略推进方面的实现其实基于两个方面，一是爱鲜蜂平台在布点上采取的是科学的布点方法，二是在配送方面对小卖部店主采用经济激励，以期提升配送效率。

【案例】沱沱工社：全产业链模式

在移动互联网和"懒人经济"这两个因素影响下，生鲜 O2O 模式的出现和发展实现了"网上菜篮子"这一目标。在高损耗和高配送成本的发展困境下，沱沱工社经历了一个艰难的发展阶段，最终在生鲜 O2O 模式应用中获得了巨大发展。本节将从企业简介、运营模式和推广实战等方面对沱沱工社的一站式采购平台进行具体介绍。

13.2.1 企业简介

沱沱工社这一电商品牌是由农场转型而来的，是基于九城集团的巨大优势资源而建立的我国首家专业的新鲜食品网上超市。图 13-3 所示为沱沱工社的微信公众号平台信息。

◆ 图 13-3　沱沱工社微信公众号平台信息

在该生鲜网站平台上，消费者能够获得"有机、天然和高品质"的食品，而从其具体分类来说，其商品提供包括了16大类，如水果蔬菜、特色美味、母婴食品、生活用品等都是其经营的范围。

沱沱工社是在食品安全事件频发的环境中创建的，它以提供安全的食品为宗

旨，凭借九城集团雄厚的实力，整合了生鲜食品产业链的 4 大环节——生产、加工、网络销售和冷链日配等。在现代化的仓储物流中心和冷链物流的配送模式下，沱沱工社在为解决中高端消费者的食品需求问题上发挥了重要作用。

13.2.2　运营模式

在沱沱工社的新鲜食品网上超市运营中，其选择的是贯穿全产业链这一 O2O 电商的理想化运营模式。这一模式从食品基地、物流和用户群等 3 个方面做了全产业链分工，如图 13-4 所示。

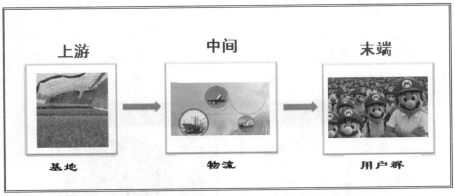

◆ 图 13-4　沱沱工社的全产业链模式

从图 13-4 中可以看出，全产业链模式对企业做了细致要求与划分，具体内容如下。

❶ 上游：基地渗透

在企业上游层面，全产业链模式渗入了食材生产基地，这是模式在企业源头要求上发展的结果，也在一定程度上为运营模式的成功应用提供了条件——既是保障产品质量和食品安全的条件，也是降低生鲜的基础成本的有利条件。

❷ 中间：物流控制

在运营模式的中间环节上，物流是连接模式全流程的基础，也是中间环节顺利进行和完成的保障。且在这一模式中，物流方面的发展主要体现在集中配送和统一调配上。这将使得生鲜在物流环节中的周转和损耗大大减少，从而在提高了配送效率的同时又保障了食品品质。

❸ 末端：用户群把握

在消费末端，其连接的主要群体是用户，因此，企业可以基于用户的信息反馈对模式源头的基地做出生产上的指导，如生产方向和品类，这将从大数据技术的层面上实现科学运营，从用户出发，为他们提供更符合他们需求的产品。

同时，关于用户群的把握，还体现在提升用户体验上，如线下试吃、免费品尝等，这些活动的开展可以在很大程度上打消用户的消费疑虑，有利于增加用户黏性和培养用户的忠诚度。

13.2.3 推广实战

在营销推广上，沱沱工社生鲜食品网上超市的发展主要是基于多个方面来实现的，具体如下。

❶ 营销渠道

拥有一个属于企业自身的营销渠道是企业稳定、快速发展的基本条件，而沱沱工社就具备了这一条件，因而在营销推广中，其基于这一条件可以让消费者实现一站式采购、支付。

另外，沱沱工社为了扩大知名度和提升得到占位，在主营自身的官方营销渠道外还与第三方平台如天猫、京东等合作，积极进行宣传和推广。

❷ 品质承诺

为了使消费者放心，沱沱工社在售后、新鲜和口味方面做出了郑重承诺，这在很大程度上提升了营销推广过程中的品牌形象，具体内容如下。

（1）售后保障。沱沱工社做出承诺：其所出售的所有生鲜商品，在消费者签收时或签收后3天内出现与质量相关的问题，消费者可以无条件退货。

（2）新鲜保障。在新鲜度方面，沱沱工社同样为其提供品质承诺，并在营销过程中从以下两个方面来为这一承诺提供运营支撑。

▶ 冷链配送。沱沱工社建立了冷链物流专线，从而为实现天天配送新鲜食品提供保障。

▶ 精准配送。沱沱工社在整合消费者交付时间信息的基础上，可以实现精准时间交付。

（3）口味保障。口味的保障来源于好的产品品质，而沱沱工社为了获得消费者更好的认同，汇集了上万种经过了权威机构认证的有机产品。

❸ 采购条件

采购，是 O2O 模式的生鲜食品营销过程中的首要环节，只有在采购环节有着安全保障，才能保证食品在源头上的安全。因此，在这一环节中对以下 6 大原则进行坚持，才能保证后续生产的进行。

（1）种养环境原则。沱沱工社其所采购的商品，在种养环境上必须是无污染的，这是其保证食品安全的根本所在。

（2）种养产地原则。沱沱工社在商品采购的产地选择上，一般是根据产品特性的不同而选择从最适合此种产品种养的地方采购。

（3）种养规模原则。在商品采购的农庄规模上，一般是选择小规模农庄，这样有利于更好地保障商品品质。

（4）信息透明原则。在信息方面，沱沱工社要求供应商能够透明地展示所有与种养安全相关的信息。

（5）有机食品原则。在食品品质选择上，沱沱工社把有机食品作为首选条件。

13.3 【案例】康品汇："门店＋平台"模式

在餐饮 O2O 模式中，线上线下的互联和深度融合是其应用发展的前提，也是其营销实现的关键因素之一。而食材供应作为餐饮 O2O 模式应用的重要环节，又将在 O2O 模式下有着怎样的表现和应用呢？下面以康品汇的"线下门店＋平台模式"为例进行全面而具体的分析。

13.3.1 企业简介

康品汇是一家成立于 2009 年的经营生鲜食品的电商企业，并于 2010 年上线建立康品汇生鲜商城，如图 13-5 所示。

在这一平台上，康品汇实现了在全上海地区这一服务范围内的全品类生鲜食材提供的目标。且在浦东这一重点服务区域内，凭借着网络平台订购、农场基地直接提供和小区内运营推广这 3 大条件，实现了浦东区域内的订送规模发展。

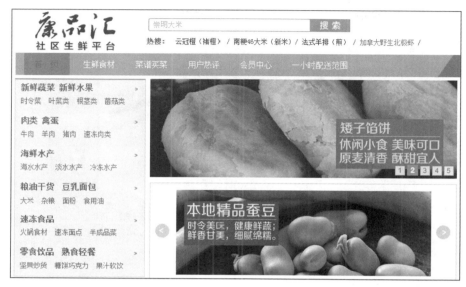

◆ 图 13-5　康品汇网上生鲜营销平台

康品汇这一电商企业的运营是围绕"绿色健康"这一定位理念来进行的，其目的就在于帮助人们回归绿色、健康的生活，因此，其在食材的提供方面完全是有品质保障的健康食材。

至于其在服务提供上，康品汇提出了坚持两大服务承诺的理念，具体如下。

（1）食品品质。严密监控食品从源头、生产、加工到物流的各个环节，保障食品的安全、优良和健康品质。

（2）配送服务。康品汇基于其宅配业务，为消费者提供提前下单、预约送达、货到付款、正规发票等诸多服务。

13.3.2　运营模式

康品汇在运营模式上采用的是与传统生鲜市场完全不同的模式，即"店网联合、平台运作"的 O2O 模式，如图 13-6 所示。

简单来说，康品汇的运营模式是一种"门店 + 平台"的 O2O 模式。在这一模式中，商家是一种拥有自身的营销平台和渠道的存在个体，而消费者可以通过以下两种方式来获取商品。

其一，选择到线下门店购买，这样可以更真实地感受到商品实体。

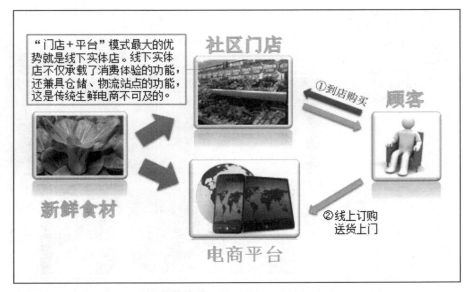

◆ 图 13-6　"店网联合、平台运作"的 O2O 模式

其二，在线上平台上通过互联网或移动互联网进行下单和订购，然后可以选择到店提取交易商品或由企业或商家送货上门来获得商品。

在康品汇的"门店＋平台"运营模式中，其实体店更多的是作为客户体验中心而存在的，消费者多是选择上述两种商品获取方式的后一种，这样可以实现便捷的线上下单和"1 小时送菜到家"服务。

13.3.3　推广实战

在康品汇的营销推广中，其为了保证推广的顺利完成，首先对食材质量提出了要求，在具体运营过程中，其生鲜商品都是选择由自有或长期合作的农场基地提供，并采用构建长期的订单生产和与品牌企业联合经营等有效模式，试图打造一条完整的生鲜食材供应链。

值得一提的是，在"门店＋平台"模式的运营中，其实体店的构建相较于商场超市而言也毫不逊色，如图 13-7 所示。

首先，在环境上康品汇实体店为消费者提供了一个堪比超市的购物环境，并为了更好地提升客户体验，还专门设立了一个客户体验区，通过这一体验区，消费者可以清晰、近距离地观察食品生产加工的过程，从而打消消费者的疑虑。

◆ 图 13-7 "康品汇"实体店

其次，康品汇在营销推广上基本实现了全渠道营销，如互联网平台的线上下单，还有社交平台——微信来实现二维码扫描预订，让消费者享受到便捷、轻松的下单预订服务。

为了进一步发展和推广，康品汇还推出了利用互联网平台和移动互联网平台的四代店，这一营销实战推广策略，可以在更大范围内为消费者提供优质产品和服务。

13.4 【案例】多利农庄："会员＋直配"模式

在餐饮行业的运营探索中，多种运营模式得到了发展和市场验证，其中"从田间到餐桌"的直销模式就是其中的一种，而多利农庄也随着这一模式的成功运营得到了各方的肯定，并成功进入了大众视野，为餐饮行业供应链领域的经营者提供了创业和运营参考。

13.4.1 企业简介

多利农庄，全称为多利农业发展有限公司，它是一个创立于上海的有机蔬菜生产企业，并随着它的发展，在上海和北京发展了它的营销市场，最终成为我国最大的主营有机蔬菜的种植和销售的餐饮供应链上的企业之一。图 13-8 所示为多利农庄的有机蔬菜种植。

在多利农庄企业体系中，其所运营的规模无疑是非常大的，特别是在有机蔬菜的生产方面，具体如下。

◆ 图 13-8　多利农庄的有机蔬菜种植

（1）基地布局。在全国范围内共有 11 大有机蔬菜种植基地布局。

（2）种植面积。自有种植面积 1 万多亩，合作种植面积 2 万多亩。

在企业运营的目标建设方面，多利农庄致力于塑造有机农业著名品牌，并立志于做低碳、绿色、环保生活理念的推动者和践行者，全力实现为消费者提供安全、健康的有机蔬菜的目标。

13.4.2　运营模式

在多利农庄的企业运营中，它建立了一个与传统供应商不同的运营模式——彻底绕开市场和超市这两个菜蔬供应场所，选择从种植、物流到营销环节的直销服务，从而形成了一套"从田间到餐桌"的直供会员的运营模式，也称为"会员＋直配"模式，如图 13-9 所示。

"会员＋直配"模式是通过会员定制的方式，将田间最新采摘的新鲜食材通过冷链直接配送到身为会员的消费者家中，没有中间环节，而且配送时间不超过 12 小时，极大程度地保证了产品的品质，因为是集中配送的方式，相比于传统生鲜电商来说，大大减低了物流成本。

在这种模式的运营上，多利农庄涉及和完成的各环节是有着系统性和严格的管理的，如在土壤的改良、有机肥的制作、产品包装、冷链物流配送等流程方面都有着明显的体现。

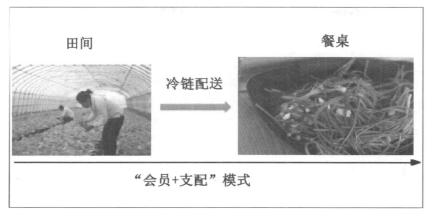

◆ 图 13-9 "从田间到餐桌"模式

同时，多利农庄的运营模式在应用上，为了更好地提升用户的消费体验，还经常开展各种线下活动，从而为增加用户黏性提供助力。

13.4.3 推广实战

在餐饮 O2O 模式下，多利农庄作为供应链上的一家知名企业，其成长和成功有着它自身的优势和核心理念，重点表现在品牌和渠道的合理构件上，具体内容如下。

❶ 质量保证

多利农庄的推广成功，其实质就在于食品的安全、健康品质的保证。

首先，在前期运作方面，坚持土壤方面的改良，从而为无污染和优质的生产解决土壤方面的后续生产难题。

其次，通过前期的重金投入，并注重在品质上下功夫，从而拥有了诸多受市场认可的机构认证文件，如国环有机认证、HACCP 认证等，从权威上获得了质量认可。

❷ 销售保障

在有了质量保证和产品供给保证的前提下，接下来多利农庄在运营推广上要解决的问题就是营销通路的保障。

传统的代理模式有着诸多方面的弊端，具体如下。

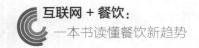

（1）中间物流环节上的高损耗问题。

（2）产业链上的利润被渠道商占据。

（3）终端混售不利于品牌形象建立。

为了避开上述问题，多利农庄选择了"会员＋直配"模式，使得市场和超市等中间环节得以绕开。多利农庄这种自建物流和外包结合的方式使得中间环节受到压缩，打通了营销通路。

❸ 品牌形象

多利农庄通过"从田间到餐桌"的直销模式，使得消费者的注意力更易于投注在品牌上，且在运营过程中，多利农庄采用多种方式来提升市场影响力和份额占有率，如冷链配送、发展定制会员等，最终实现了品牌形象方面的提升。

❹ 精准定位

在多利农庄的企业定位上，其瞄准了都市农业这一领域，专注于都市的中高端人群这一目标群体。基于这一定位，多利农庄又根据目标人群的特征适时推出多种礼品营销模式和直接配送模式，为日益扩大的富裕群体提供更好的消费体验，这是其之所以在直销模式的推广应用中取得成功的关键。

14

CHAPTER

上门服务，大厨私人定制制作美味

　　私厨上门服务是餐饮行业的创新性服务，在O2O模式的发展和应用过程中，更是实现了线上与线下的深度融合和快速发展。本章以爱大厨、好厨师和上你家这3家私厨上门服务企业为例，具体介绍O2O模式下的上门服务应用。

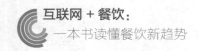

14.1 【案例】爱大厨：多渠道定制上门服务

在"懒人经济"快速发展的影响下，餐饮行业的上门服务越来越受到消费者的欢迎，其中，爱大厨作为一个在这一领域发展较早的餐饮企业，在 O2O 模式下又是怎样找寻到生存空间和实现运营推广的呢？本节将为读者具体介绍爱大厨的相关知识，希望读者能在其中受到启发，找到自己的创业机会。

14.1.1 企业简介

爱大厨，全称为爱大厨（北京）信息技术有限公司，成立于 2013 年 12 月，是我国第一个提供私厨上门服务的平台，如图 14-1 所示。

◆ 图 14-1　爱大厨服务平台

在爱大厨的企业发展中，它以"爱生活，爱美食，爱大厨"为宗旨，全力发展私厨上门服务业务。

另外，基于现代社会"绿色、健康"的饮食理念，爱大厨这一服务平台在餐饮服务方面提出了"专业、健康、便捷、定制、美味"的理念。从消费者角度出发的服务理念，是其获得快速发展的基础和前提，也是该服务平台对消费者的服务承诺。

14.1.2 运营模式

爱大厨，从其服务性质上来看，是 O2O 模式的私厨上门服务运营平台，实现了线上线下的深度融合。具体来说，爱大厨的服务是完全由线上开始的，与其他餐饮服务不同，它并不设线下门店，接单、预订等完全由线上平台进行处理，然后在线下提供上门服务。

而在具体服务过程中，食材的准备并不是由私厨提供，而是由消费者自行选择，厨师所要做的只是根据消费者的需求和口味上门制作指定菜品，这是爱大厨的上门服务内容。

而从消费者的服务目的来说，除了普通的日常预订服务以外，爱大厨的服务内容还包括以下 4 个方面。

（1）家庭用餐。

（2）年夜饭。

（3）个人聚会。

（4）公司年会。

可见，在爱大厨的模式发展过程中，它分别针对家宴场景、公司场景及电商食品售卖等需求提供特色服务。

另外，在爱大厨服务平台上，消费者还可以对服务模式、菜式和厨师进行选择。

如服务模式方面，爱大厨提供了 4 个菜 69 元和 6 个菜 99 元的服务方式，消费者可以根据用餐人数的多少来选择合适的方式。

又如菜式方面，爱大厨提供了中外多种菜式，如我国八大菜系，也有西点西餐，消费者可以任意选择自己喜欢的。

14.1.3　推广实战

爱大厨私厨上门服务的营销推广是基于其各方面保障的实现而进行的，具体包括以下几个方面的内容。

（1）食品安全。厨师有着专业的资质水平，能够确保食品的安全和高品质服务。

（2）服务到位。厨师团队有着系统的管理，清晰的服务流程下能确保服务到位。

（3）客服跟进。全程客服跟进，确保服务过程中的消费者需求能及时得到满足。

（4）增值服务。着装方面要求整齐、统一，服务后续方面要做到台面清洁整齐。

基于上述要求和服务保障，爱大厨从根本上解决了服务品质方面的问题，接下来要解决的是营销渠道方面的打通问题。

从这一方面而言，爱大厨主要从以下 4 条渠道上来实现服务定制。

（1）400 电话预约。

（2）爱大厨 APP。

（3）爱大厨微博平台。

（4）爱大厨微信平台。

下面以爱大厨 APP 为例，具体介绍其营销方面的推广策略。

❶ 信息查询和评价

在爱大厨 APP 里，能够查看不同厨师的详情，挑选合适的厨师上门服务，在详情界面还能看到用户消费的评价，以便更加了解厨师的做菜风格与口味。

❷ 打造品牌形象

为了打造专业性的品牌形象，爱大厨 APP 对于招募的厨师要求较高，同时给予厨师较高的工资福利，这也是爱大厨 APP 得以快速拓展市场的根本原因。

爱大厨 APP 的营销方式主要就是通过满足用户的不同需求，从而通过用户的订单获得一定利润。除此之外，爱大厨 APP 也推出了会员制度，满足长期用户的消费需求，同时也是平台盈利的一个主要方面。

14.2 【案例】好厨师：多类别优质上门服务

好厨师作为提供私厨上门服务的最大互联网平台，在为消费者提供服务方面有着巨大的优势，可以轻松实现到家私人厨师服务。本节将从企业情况、运营发展模式和推广宣传等方面来具体介绍好厨师服务平台。

14.2.1 企业简介

好厨师是一个总部位于上海黄浦区的私厨上门服务 O2O 企业，并于 2014 年上线，建立了互联网服务平台。图 14-2 所示为好厨师 APP 服务界面。

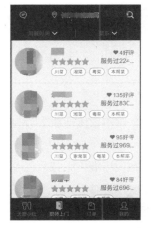

◆ 图 14-2　好厨师 APP 服务界面

好厨师这一私厨上门服务企业，基于其专业的团队，在"注重细节，追求品位"的服务宗旨要求下，致力于利用互联网和移动互联网平台实现网络厨师平台打造。

而从企业的发展方面来看，好厨师的团队成员发展已达 400 余人，并在北京、上海和深圳等城市有着全覆盖的服务范围，并实现了其他城市的服务拓展。

14.2.2　运营模式

好厨师，从本质上来说，是一家餐饮服务公司，只是其服务的完成和方式与传统餐饮服务有着极大的差异，具体如下。

（1）服务完成。通过互联网和移动互联网来实现服务预订与支付。

（2）服务方式。提供给消费者的是私厨上门轻松、便捷的服务。

总的来说，好厨师就是利用互联网和移动互联网的平台及资源来实现传统餐饮服务的差异化、优质化，因此，好厨师的重点还是表现在服务和品质这两个方面。

从服务和品质上来说，好厨师提供了针对不同客户和场景的各类优质服务，具体来说，可分为 4 类，内容如下。

（1）聚会预约。家人、好友聚会时，好厨师可以提供上门制作美食服务，实现方便、快捷和安全的家庭用餐。

（2）工作繁忙。针对工作繁忙的群体，特别是白领这一消费群体，好厨师可以每天为他们提供私厨上门服务，做到工作时无后顾之忧。

（3）中老年群体。在如今中老年群体在总人口数量中占比逐渐增大的时代环境下，好厨师专门制定了针对中老年群体的服务。

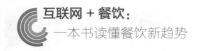
（4）时尚群体。好厨师还推出了针对时尚群体的私人厨师上门服务，这类目标消费群体可以通过好厨师平台长期聘请适合自己口味的厨师。

基于上述情况，好厨师在运营过程中，主要利用的是3种模式，具体如下。

❶ 厨师模式

在好厨师的运营中，厨师是非常关键的，这不仅体现在厨师的服务功能上，还表现在好的厨师可以吸引和留住消费者上。

"好厨师"为了提升厨师的服务水平，实现标准化服务，它通过在线下设点的方式来进行培训，从而增加消费者的信任度和好感。无论是上门时的着装，还是菜品准备的快捷与装盘的美观，抑或是就餐的增值服务，这些都是提升厨师和好厨师平台服务形象的表现。

❷ 会员模式

在好厨师的付费方式方面，平台还为消费者提供会员充值服务。通过会员模式的运营，可以很好地将普通客户转化为长期客户。

❸ 盈利模式

好厨师的收费形式关系着厨师的盈利，在平台服务提供体系中，好厨师主要为消费者提供四菜一汤79元和六菜一汤99元的服务模式。而相对于厨师而言，将会根据全职和兼职的不同来决定盈利的占比。

另外，在厨师服务过程中，随餐附赠的商品或服务将随着客户消费的深入，为厨师和平台提供更多的盈利。

14.2.3 推广实战

私厨上门服务行业中，其产品和服务也是有一个推广和宣传的过程中，这一过程的实现是运营模式多样化和专业化发展的结果。好厨师也是如此。其模式推广的多样化过程具体表现在4个方面，内容如下。

❶ 标准化时间

高峰就是午餐和晚餐时间段。厨师都知道每天什么时候比较忙，这样厨师能根据时间上的标准化安排来促进私厨上门服务的推广。

❷ 互联网化厨师

随着微信平台中朋友圈的出现，很多人都喜欢发朋友圈，好厨师就是利用这一点，配以厨师的摆盘造型，在满足用户的极致体验的基础上同时提升了平台和企业的知名度。

从年龄层面来说，厨师一般都在 20 岁左右，大多懂得怎样利用互联网和移动互联网。因此，在平台厨师端开发的过程中，他们可以不用培训就能够使用，这也是平台推广的重要条件。

❸ 节日促销

在我国，一般的节日都是与饮食结合在一起的，如端午节的粽子、中秋节的月饼等。利用这一特征，可以开展节日促销活动。而私人厨师在为客户提供美食的同时还能极大地满足用户的虚荣心，因此用户一般都非常愿意和家人朋友分享促销活动信息，并通过互联网和移动互联网来实现推广及宣传。

另外，在好厨师的宣传推广中，其服务的优质是基础，如六大菜系的专业认证厨师的上门服务、多渠道的服务预约方式和快捷的服务响应等，这些都是保证服务品质的主要条件。更重要的是，上门服务在食品安全和健康方面更能使消费者放心和满意。基于上述诸多条件和优势，好厨师的平台 O2O 模式餐最终得以推广。

14.3 【案例】上你家：懒人餐饮的上门服务

在餐饮私厨上门服务中，除了好厨师和爱大厨外，还有一些比较典型的餐饮企业出现，上你家就是其中之一。通过上你家服务平台，可以为消费者提供五星级的美食服务。关于上你家的相关内容，将在本节中予以具体介绍。

14.3.1 企业简介

上你家，全称为安徽上你家信息科技有限公司，这也是一家充分利用互联网和移动互联网资源及优势的餐饮行业的上门服务企业。图 14-3 所示为上你家的服务平台界面。

◆ 图 14-3　上你家服务平台界面

在上你家的餐饮服务理念中，该企业提供给消费者的是全程现代化服务的思维和态度。并始终坚持"手指一点，美食名厨上你家"的便捷服务口号。

在菜品上，上你家更是有着它独有的特点，坚持在传统菜系基础上的研发与原创，试图为每一种菜品打造出它独有的味道，并保有星级大厨的原创与研发的故事，最大限度地吸引消费者关注，提升企业的品牌形象。

与爱大厨和好厨师不同的是，上你家私厨上门服务的食材是由其中央厨房提供的初加工食材，而不是由消费者自己提供。

14.3.2　运营模式

在餐饮 O2O 模式应用环境下，上你家打造了一个线上与线下深度融合的垂直餐饮生态圈，这一生态圈不仅仅是线上与线下的界限和融合，还包括同时涉及线上和线下的懒人菜场和私厨上门这两项业务的提供，从而构建了独特的企业和平台运营模式。关于懒人菜场和私厨上门服务，具体内容如下。

❶ 懒人菜场

懒人菜场，这一种有别于其他私厨上门服务企业和平台的服务方式，是对传统菜场的一种创新。

懒人菜场是餐饮 O2O 模式的充分发展的结果，主要内容包括以下两个方面。

（1）线上线下的买菜完成。消费者通过网络平台，可以在任意时间完成下单，然后在合适的时间和地点通过线下自提点或社区店取菜，且消费者预订的菜已经是完成包装的。

（2）二维码扫描做菜。消费者下单购买的菜是由中央厨房对原始食材进行加工后的半成品，且已经是完成了相关调料（如油、盐、酱、醋）配制的。消费者只要扫描了包装上的二维码，就能查旬食材的做法，从而完成美食制作。

❷ 私厨上门

这是一种面向中高端消费群体的服务模式。在这一模式运营中，消费者只需在 APP 界面上选择自己喜欢的菜品，然后选择厨师，上你家就会带着食材上门为消费者提供美食烹饪服务。

且用餐后的后续工作，上你家也会安排保洁人员完成，让消费者可以轻松、便捷地享受到五星级的美食服务，是懒人经济环境下的餐饮行业内服务的充分体现。

14.3.3 推广实战

在上你家服务的营销推广中，互联网和移动互联网的利用是一个非常关键的因素。利用网络平台优势，上你家的中央厨房凭借着标准化的服务流程和原创菜系的创新研发，以及其服务平台的多种渠道打通，实现了懒人菜场和私厨上门服务的推广。关于这一上你家的营销推广问题，具体分析如下。

❶ 标准化流程

在上你家服务平台界面上，消费者可以通过移动终端对菜品和厨师等方面做出选择，并在线上完成下单和支付。

接下来，上你家的服务团队将需要用到的食材和厨具送达用户指定地点，私厨即可上门为消费者提供美食烹饪服务。当然，消费者还可以在与厨师近距离的沟通过程中增进了解，从而提供更适合消费者的美食，提升消费者体验。

❷ 需求满足

消费者需求的满足是餐饮企业或产家的推广得以实现的前提，针对这一问题，上你家为消费者提供了不同的服务满足他们的需求，主要表现在以下 3 个方面。

（1）用餐方式。上你家在传统的用餐方式上增加了多种创新模式和不同的用餐享受。

（2）用餐场景。上你家为诸多需求场景提供私厨上门服务，如家庭聚餐、公司聚会、养生美食、节日庆祝等。

（3）用餐群体。在用餐群体上，上你家针对中高端消费群体提供了懒人菜场配送服务，以此满足工作繁忙群体和时尚人士的美食需求。

❸ 多渠道营销

渠道的打通也是营销得以推广的关键因素。在这一方面，上你家提供了多渠道预订方式，既包括传统的电话预订，也包括互联网和移动互联网环境下的创新模式，如微信公众号预订和互联网官网平台预订。图 14-4 所示为上你家的微信公众号的服务平台界面。

◆ 图 14-4　上你家的微信公众号平台界面

信息服务，帮助餐饮业实现转型

在 O2O 模式下，餐饮企业的转型已经是寻求发展过程中迫切需要解决和实现的问题，而数据信息的提供是解决这一问题的巨大助力。本章以石川科技、天财商龙和易淘星空 3 家企业为例，具体介绍它们在新形势下的信息服务详情。

15.1 【案例】石川科技：系统管理的信息服务

在餐饮 O2O 的线上线下运营过程中，信息的掌握是营销实现和推广的至关重要因素。基于这一情况，各种提供智能餐饮管理系统的软件公司和企业纷纷出现及研发，为帮助餐饮业转型提供了软件基础。

其中，石川科技就是一家提供餐饮软件的企业。本节将围绕石川科技进行分析，帮助读者了解它的企业基本情况、餐饮管理解决方案和具体应用等方面的内容。

15.1.1 企业简介

石川科技，全称为上海石川科技有限公司，它是一家主营餐饮信息化领域的产品研发的企业，总部位于上海市软件园区。图 15-1 所示为石川科技企业官网。

◆ 图 15-1　石川科技企业官网

从其主营业务方面来说，石川科技已经研发的主要餐饮软硬件有连锁 ERP 系统、门店管理系统等软件和电子菜谱、点菜器等硬件产品，这些产品共同为餐饮行业的各种业态提供各种管理产品和解决方案。

15.1.2 餐饮连锁 ERP 解决方案

餐饮连锁 ERP 解决方案是由石川科技研发的重要餐饮管理软件，它主要用于知名连锁餐厅管理，由 5 大管理平台组成，如表 15-1 所示。

表 15-1　石川科技的连锁 ERP 解决方案组成平台

名称	构成	功能
供应链管理平台	采购管理；中央厨房；物流配送；库存管理等	节省采购成本，提升产品品质，优化餐饮库存，实现连锁企业的精细化管理
运营管理平台	菜品管理；权限管理；实时数据监测；数据分析与挖掘等	对连锁门店进行集中管控，全面提升运营效率，实现快速精准的连锁门店复制，为经营者提供正确决策
客户管理平台	会员卡管理；电子券管理；会员分析与策略管理等	全方位集中采集客户数据信息，挖掘客户价值，实现精准营销，发展新会员，留住老客户
人力资源管理平台	考勤管理；排班管理；培训管理；薪资管理；绩效管理等	助力人事管理数字化与科学化，实现考评的公平与公正性；加速员工能力培养，推动组织持续成长
OA 管理平台	新闻发布与公告；信息互动与联动等	统一实时高效的信息交互，全面提升企业的协同能力与运作效率

15.1.3　餐饮门店管理解决方案

石川科技研发的餐饮门店管理解决方案主要用于 O2O 模式下的餐饮线下门店管理，为各种餐厅提供相应的管理方案。这一系统又是由 4 个子系统组成的，具体内容如下。

❶ 中餐餐饮管理系统：流程重组

这是一个针对中餐类型餐饮的管理系统，既包括与消费者利益相关的点餐管理和收银管理系统，也包括与企业运营其他方面相关的厨房分单和客户管理等系统。

对于企业的信息服务来说，中餐餐饮管理系统可以为企业提供多种信息功能，具体内容如下。

（1）来电显示。支持来自于客户的来电显示。

（2）点餐模式。支持各种智能化、移动化的点餐模式。

（3）分单方式。支持餐厅整体上的分单打印预设，保证厨房分单顺利进行。

（4）收银方案。支持可流程重组的中餐结算，保证收银的无误、顺利实现。

❷ 特色餐饮、快餐餐饮管理系统：效率提升

这是一个针对特色餐饮和快餐的管理系统，既包括专门针对快餐的外卖管理

好取餐送餐管理系统，也包括涉及特色餐饮和快餐的点餐管理、厨房分单、收银管理和客户管理等子系统。

从餐饮信息服务方面来说，特色餐饮、快餐餐饮管理系统的功能表现在多个方面，具体如下。

（1）结算方面。支持餐厅会员外卖刷卡。

（2）效率方面。支持取餐呼叫和进准定位，提高运营效率。

（3）管理方面。支持邻里餐厅刷卡点餐结算，预防管理漏洞。

（4）出品方面。支持无纸化操作，降低成本，为出品管理提供方便。

❸ 休闲娱乐移动一卡通管理系统：结算简单

这是一个针对休闲类移动消费场所的管理系统。通过该系统，餐厅可以在点单的同时完成结算，使得结算更简单和快捷。

❹ 美食城无线一卡通管理系统：消费便捷

这是一个主要针对美食广场的管理系统，通过一卡通的发放，消费者可以在任意店家刷卡消费，而美食城可在充值、点单和结算方面为消费者提供便捷的信息服务。

15.1.4 应用案例

随着餐饮 O2O 模式的应用拓展，餐饮行业众多企业或平台选择了向智能化管理进军之路，如大众点评这一大型的互联网平台，就顺应这一时势，与上海石川科技展开了合作。

石川科技与大众点评的合作主要是在信息数据及商户管理系统等方面，具体内容如下。

❶ 信息数据管理

在信息数据管理方面，石川科技和大众点评通过合作，将着力点和侧重点放在了包括菜单在内的信息数据打通方面，以此来实现大众点评各运营环节方面的服务与石川科技管理系统的无缝对接。

❷ 商户管理系统

大众点评和石川科技的合作，带来的是线上服务和后台管理系统的打通。具体使用场景如下。

（1）团购结算场景。消费者利用大众点评平台进行团购消费时，餐饮企业或商家可以通过石川科技的管理系统验证团购券，并在后台同步完成运营统计。

（2）团购订座场景。消费者在 APP 上订座时，可以进行实时查询，获取订座信息和完成订座，而不需要等待确认。

消费者在大众点评平台上的众多应用场景，都可以通过石川科技的管理软件和管理系统实现线上与线下的互联，从而在提升用户消费体验的同时，又有利于餐饮企业商家管理效率的提升。

15.2 【案例】天财商龙：标准制定的信息服务

随着我国餐饮行业的转型要求随之而来的是经营管理方式的转变，众多餐饮行业试图通过互联网方式来实现驱动线下餐饮业的发展，以适应餐饮 O2O 模式的发展进程需要。而在互联网方式应用中，信息化是其最基本的运营要求。

天财商龙作为一家可以为行业提供信息化解决方案的企业，为餐饮行业的转型提供了巨大助力。本节将围绕天财商龙的行业信息化这一核心，为读者重点剖析其企业基本概况、相关企业产品和餐厅应用等内容。

15.2.1 企业简介

天财商龙，全称为天津市神州商龙科技股份有限公司，它是一家能够为餐饮行业提供管理软件和整体信息化解决方案的高新技术企业，有"科技小巨人企业"之称。图 15-2 所示为天财商龙官网主页。

◆ 图 15-2　天财商龙官网主页

在发展过程中，天财商龙不断地开拓前进，并利用其丰富的管理软件研发资源，最终发展成为我国服务行业领域内的信息化管理软件衡量标准的制定者。更重要的是，就餐饮行业而言，其运营管理的诸多环节在天财商龙的管理系统运作下实现了运营效率的提高。

15.2.2　企业产品

餐饮行业是天财商龙软件管理系统涉及和可以应用的重要行业，在其 10 多款软件产品中，针对餐饮行业不同业态推出的产品线就有 9 条，其中包括：

（1）涉及整个餐饮管理方面的软件的各种版本，如集团版、经典版和精锐版等，各餐饮企业可根据自身情况选择不同的版本。

（2）涉及各类型餐饮的管理软件，餐厅类型包括美食广场类、快餐类、西餐类和火锅类等。

（3）涉及企业运营各环节的餐饮管理软件，如库存配送和客户关系等这个环节的信息管理。

在天财商龙的各软件产品中，可以为餐饮企业的运营全过程提供关于经营管理各环节的管理系统，既有涉及整体的，也有涉及各具体方面的。下面从 3 个方面对天财商龙的产品功能进行介绍。

（1）环节覆盖。天财商龙的软件产品能在管理各环节方面实现全面覆盖，特别是在众多实用功能方面（如信息管理、统计成本、报表分析等）进行了统一与集成。

（2）信息化作业。利用这一方式不仅提高了餐饮企业管理上的计算机手段，而且也实现了工作效能和信息数据的即时性。

（3）信息流。天财商龙的管理软件产品能够提供实时数据信息，实现餐饮企业各大信息流的畅通，为企业的运营发展提供数据依据。

15.2.3　应用案例

由上述内容可知，天财商龙的餐饮软件管理系统具有巨大的管理效应，能为餐饮企业的有序、健康管理提供软件支持，因此，其软件产品得以被许多餐饮企业运用。

特别是在餐饮 O2O 的运营开拓方面，天财商龙在其产品的支持下，推出微信点餐等模式应用，同时实现线下门店与线上平台接口（如微信、大众点评好百度等）的互联。最终成为互联网餐饮发展的信息化管理软件的标准制定者。

下面以绿茵阁餐厅和金汉斯烤肉为例，具体介绍天财商龙的管理软件应用。

❶ 绿茵阁西餐厅

作为我国最大的西餐连锁企业之一，广州市绿茵阁餐饮企业在全国各省市设立了多家直营店和加盟店，这些线下门店需要进行统一的物流配送和培训。基于这一情况，绿茵阁餐厅利用天财商龙的信息管理解决方案来完成企业的信息化建设，实现了连锁、配送、会员、库存等模块的信息整合管理和运营。

❷ 金汉斯烤肉

金汉斯烤肉餐饮企业在全国 26 大城市迅速扩展的过程中，其运营和管理方面的顺利进行离不开天财商龙的餐饮集团版软件管理系统的应用。基于天财商龙软件的系统特性和先进的管理理念，金汉斯烤肉餐饮企业在两个领域实现了信息服务的餐饮运营转型，具体如下。

（1）门店管理。企业总部可以在第一时间内汇总所有门店的数据信息，实现对各分店的有序管理。

（2）会员管理。应用会员管理系统扩展会员体系和挖掘会员价值，从而为企业发展沉淀黏性客户。

15.3 【案例】易淘星空：平台合作的信息服务

相较于石川科技和天财商龙的餐饮管理软件而言，易淘星空旗下的产品在餐饮行业的应用似乎涉及的范围更广，在众多知名餐饮企业都有着它应用的踪迹。下面将以易淘星空企业为例，具体介绍其企业概况、核心产品和旗下产品的具体应用。

15.3.1 企业简介

易淘星空，全称为易淘星空网络科技（北京）有限公司，是一家与 BAT 三巨头同时拥有合作关系的餐饮 O2O 公司，且发展了与其他平台的合作关系，如图 15-3 所示。

◆ 图 15-3　易淘星空与天子星的合作

在易淘星空的目标发展中，打造和推进本地生活服务类商户的整合是其建立
O2O 闭环生态系统主要内容，而在本地生活服务方面，餐饮业的重要性决定了
其在易淘星空企业发展理念中的重要地位，如打造以"易淘食"为代表的餐饮业
O2O 生态系统就是一个重要的体现。

在易淘星空的企业定位理念中，其重点定位在 3 个领域和方面，具体
如下。

（1）信息专家。易淘星空致力于为餐饮企业提供专业化和个性化的互联网
信息化解决方案。

（2）营销指南。易淘星空致力于利用时代环境下的各种宣传方式，积极为
餐饮企业提供合适的营销指南。

（3）服务达人。在服务方面，易淘星空致力于为消费者提供各种有关于服
务的各种餐饮资讯。

15.3.2　核心产品

易淘星空通过与众多互联网企业和平台的合作，打造了 4 大核心产品，如
图 15-4 所示。

◆ 图 15-4　易淘星空的 4 大核心产品

关于易淘星空的 4 大核心产品，其具体介绍如下。

❶ 易淘食

易淘食这一核心产品在信息服务方面的重点就在于一站式服务的提供，消费者可以通过易淘网网站或 APP 来完成就餐过程中诸如订位、点餐、支付和配送等诸多环节。

❷ 聚网客

聚网客作为易淘星空的核心产品，是一个面向商户的餐饮云服务平台。在其定位问题上，其目标直指中高端餐厅。凭借着智能餐饮管理系统的商户 ERP 系统整合，聚网客实现了电子化自行经营，即在网上餐厅、手机餐厅上进行有关于餐厅的营销、促销和运营管理。

❸ E 代送

E 代送是易淘星空针对物流领域而研发的核心产品，其重点在于本地生活服务类商户物流标准化的实现。在信息化技术连接商户的情境下，E 代送旨在建立一个同城快捷配送系统，最终实现本地生活服务类物流领域的整合。

❹ 麦牛纸

麦牛纸也是易淘星空的 4 大核心产品之一，其显示面积为 498×356，这一产

品看似只是网上订餐附送的垫桌纸，从其实质来看，它也是餐饮信息服务的组成部分之一，其作用就在于既增加了消费者视觉冲击，同时还实现了餐厅的精准性营销。

15.3.3　应用案例

在易淘星空的核心产品中，易淘食作为其中非常重要的一个，是该企业在餐饮行业 O2O 生态系统中打造的首个试用产品。下面就以易淘食为例，具体介绍易淘星空的具体应用。

从整体上来说，易淘食已经与许多知名餐饮企业或品牌建立了合作关系，并把业务拓展到了我国主要的一、二线城市，实现了我国餐饮500强品牌的全面覆盖。

而在易淘网的餐饮行业应用方面，其与媒体平台东方美食共同推出的易淘全网餐厅这一餐饮管理解决方案就不能不提及了。因为，易淘食这一解决方案的推出，吸引了上百家知名餐饮企业的关注，如全聚德、俏江南、东来顺等，可见其影响之大。

易淘网全网餐厅是基于餐饮业发展现状而推出的，其目的就在于信息化网络营销的全面实现。在 O2O 模式下，易淘网全网餐厅基于线上与线下的全方面考虑，通过服务的整合，深入了解和解决了餐饮企业发展过程中的 3 大痛点问题。

关于易淘网全网餐厅解决的企业痛点问题，具体分析如下。

（1）前端设置方面。从这一方面来说，易淘网全网餐厅逐渐实现了线下餐饮服务到线上平台的转移。在易淘网全网餐厅的支撑下，餐饮企业或商家实现 O2O 产品体系的构建成为可能。

（2）后台管控方面。在前端设置完成的基础上，餐饮企业或商家应该首先了解其前端设置过程中的线下餐饮服务的线上平台移植不仅仅是菜单和订餐功能的电子化及网络化，它还应该包括网络订餐的管理和会员管理，以及企业资源的整合等。而易淘网全网餐厅的诸多服务和数据管理后台是实现上述功能的决定性产品。

（3）营销整合方面。在"易淘全网餐厅"的管理体系中，其与互联网平台的流量对接也已经完成，这是为餐饮企业或商家提供有效的、免费的营销渠道的前提。而其系统服务涉及众多互联网平台，如易淘食 APP、百度地图、新浪微博、微信等，这些平台可以帮助餐饮企业实现实时＋全网在线，从而进入信息化运营和管理时代。

上述痛点的解决，可以使餐饮企业或商家借助强大的餐饮云服务平台实现"全网餐厅"的升级。就拿黄太吉这一餐饮品牌来说，它充分利用互联网平台，特别是社交平台，实现了在发展社交关系的同时也在餐饮营销方面得到发展和增长。